AF602766

A M. CH. DE ROLLAND DU ROQUAN.

PETIT TRAITÉ

D'INSTRUMENTATION

A L'USAGE DES JEUNES COMPOSITEURS

PAR

A. ELWART

Professeur d'Harmonie au Conservatoire impérial de Musique,

Auteur du *Manuel des Aspirants aux grades de Chef et Sous-Chef de musique de l'armée française.*

PRIX NET : 4 FRANCS

PARIS

CHEZ COLOMBIER, ÉDITEUR DE MUSIQUE

6, RUE VIVIENNE, AU COIN DU PASSAGE VIVIENNE.

1864

MUSIQUE TYPOGRAPHIQUE

DE

TANTENSTEIN

PARIS. — RUE NEUVE-DES-POIRÉES, 8.

Paris. — Imp. CH. NOBLET, 18, rue Soufflot.

PRÉFACE.

C'est pour répondre aux désirs d'un grand nombre de ses élèves que l'auteur a rédigé ce petit Traité d'Instrumentation. Il ne s'est pas dissimulé les difficultés d'une pareille entreprise; mais il espère les avoir surmontées en partie. Etre concis sans sécheresse, riche d'exemples authentiques sans prolixité, telle a été sa pensée. Ce petit ouvrage est, en quelque sorte l'introduction naturelle des grands et volumineux traités du même genre qui ont précédé sa publication; et c'est pour ne pas grossir ce livre qu'on a presque constamment indiqué aux élèves les partitions qu'ils doivent consulter, après leur avoir toutefois donné l'analyse scientifique et poétique des exemples cités. Des notes, placées au bas des pages, indiquent les noms des auteurs des méthodes spéciales les plus estimées, qui traitent, dans leurs moindres détails, de tous les instruments.

Faire aimer l'art, ne pas séparer la partie didactique de la partie poétique, tel a été le but que l'auteur s'est proposé. Les différents timbres de l'orchestre peuvent être comparés avec raison aux différents tons de la palette d'un peintre; et la réduction d'une partition pour le piano a une analogie frappante avec la gravure d'un tableau. C'est donc pour instruire les jeunes compositeurs sans expérience que l'auteur a condensé à leur usage, dans ce petit volume, tout ce que ses devanciers ont développé comme à plaisir, dans de gros et coûteux ouvrages. Puissent ses efforts être appréciés, et il ne regrettera pas les veilles qu'il a consacrées à la rédaction consciencieuse de ce traité.

A. E.

Paris, le 20 juin 1862

PETIT
TRAITÉ D'INSTRUMENTATION

A L'USAGE

DES JEUNES COMPOSITEURS

CHAPITRE I.

INTRODUCTION.

§ 1. — DE L'INSTRUMENTATION EN GÉNÉRAL.

Dès l'instant où deux instruments différents ou de même espèce ont exécuté simultanément, l'instrumentation musicale a été créée.

Cette partie de l'art a passé, comme toutes les autres connaissances humaines, par différents états avant d'arriver au point élevé où elle s'est placée sous la plume d'un Haydn, d'un Mozart et d'un Beethoven. Elle a donc eu son enfance sous Peri en Italie; son adolescence sous Lully et Rameau, et son âge viril sous Gluck, Chérubini, Le Sueur, Méhul et Spontini en France. La phase brillante dans laquelle l'instrumentation est entrée de notre temps, grâce à Rossini, à Weber, à Meyerbeer, en Italie, en Allemagne et en France, a ouvert une carrière immense au génie musical. Turbry, H. Berlioz, Émile Douai, Georges Kastner, Richard Wagner et R. Schumann ont fait des tentatives et des découvertes souvent heureuses dans son domaine. Quant à Félix Mendelssohn et à Fromenthal Halévy, leur talent éclectique s'est assimilé les découvertes de leurs devanciers et des maîtres contemporains. Dans un ordre d'idées plus calme, mais non moins poétique, Félicien David, Théodore Gouvy, Charles Gounod ont aussi fixé l'attention publique sur leurs productions. D'autres maîtres, mélodiques et dramatiques avant tout, n'ont considéré l'instrumentation que comme un moyen accessoire. Berton, Boïeldieu, Nicolo, Auber, Ambroise Thomas et Victor Massé représentent cette école mixte en France.

Depuis que Bellini et Donizetti ont été ravis à la scène lyrique, un maître au talent nerveux, à la mélodie audacieuse, Verdi est le seul qui, en Italie, soutienne le lourd fardeau de l'école ultramontaine. Son instrumentation fiévreuse est essentiellement dramatique, mais elle n'a pas fait de révolution comme celle de Gluck, de Méhul, de Weber, de Spontini, de Rossini et de Meyerbeer.

On voit, d'après ce qui précède, que chaque époque a eu son instrumentation propre. Le cadre restreint dans lequel nous devons nous renfermer, ne nous permet pas d'entrér dans de longs détails sur l'instrumentation de chacune des grandes révolutions qui ont changé successivement la face de l'art musical. L'invention d'instruments plus complets amènera, tôt ou tard, dans nos orchestres de théâtre et de concert, l'emploi uniforme et rationnel de différentes familles d'instruments, auxquelles il manque encore quelques membres pour qu'elles soient complètes. Le progrès, qui marche toujours, fera pour ces orchestres ce que, dans nos musiques militaires, Adolphe Sax a réalisé avec génie (*).

Nous allons, dans les chapitres suivants, donner successivement la nomenclature de tous les instruments qui, divisés en trois groupes principaux, ayant chacun des appendices, peuvent former, quant aux deux premiers groupes, une instrumentation complète, soit en mettant un seul de ces deux groupes en œuvre, soit en les réunissant. Mais observons que l'instrumentation la plus complète est celle qui est produite par la réunion des trois groupes; et ajou-

---

(*) Tous les instruments inventés et perfectionnés par ce célèbre artiste sont détaillés avec soin dans le *Manuel des aspirants aux grades de sous-chef et de chef de musique de l'armée*, par l'auteur du présent ouvrage.

tons, en terminant, que l'épanouissement de l'art musical n'arrive à son apogée que lorsque les voix humaines ont pour brillants satellites tous les instruments, vivantes et sonores couleurs produites par l'audition successive ou simultanée des timbres nombreux et variés que le génie musical sait mélanger sans confusion. Heureux le musicien coloriste, mais plus heureux encore celui dont les productions réunissent la mélodie qui vivifie et l'harmonie instrumentale qui colore!

§ 2. — DES TROIS GROUPES PRINCIPAUX D'INSTRUMENTS ET DE LEURS APPENDICES RESPECTIFS.

Les instruments de musique sont de trois genres, formant naturellement trois groupes principaux.

En voici la nomenclature :

1er GROUPE : Instruments à cordes et à archet. — Violon, alto-viola, violoncelle, contre-basse ;

2e GROUPE : Instruments à vent en bois et en cuivre. — Petite et grande flûtes, hautbois, clarinette, basson;—trompette, cor, trombone ;

3e GROUPE : Instruments de percussion. —Timbales, grosse caisse et cymbales.

Appendice du 1er groupe : Viole d'amour, mandoline, guitare ou lyre, harpe, piano.

Appendice du 2e groupe : Cor anglais, clarinette-basse ; — cornet à pistons, trompette à pistons, *idem* à cylindre, cor à pistons, ophicléide. Harmonium, melodium ; petit et grand orgue.

Appendice du 3e groupe : Tambour, tambour de basque, castagnettes, cloches, clochettes, timbres, triangle, tam-tam.

On peut instrumenter, ainsi que nous l'avons dit précédemment, en n'employant que les instruments du premier ou du second groupe, ou en mélangeant ces deux groupes. Mais jamais le troisième groupe ne peut former une instrumentation, parce que la plupart des instruments qui le composent n'ont pas de son précis. Ils ne produisent tous, excepté les timbales, les cloches, clochettes et timbres, que des bruits rhythmés.

CHAPITRE II.

PREMIER GROUPE.

ACCORD, ÉTENDUE, CARACTÈRE DES INSTRUMENTS A CORDES ET A ARCHET, DONT LA RÉUNION FORME LE *QUINTETTE*.

§ 1. — DU VIOLON (*).

Le violon, qu'on peut appeler le *pain de l'orchestre*, tant la qualité variée de son timbre s'assimile avec tous les autres, est l'instrument par excellence. Il règne en maître dans l'orchestre. S'il y commande lorsqu'il chante, il sait obéir lorsqu'il accompagne.

Le violon est monté de quatre cordes dont voici les noms et le diapason réel. — On écrit sur la clef de sol 2e ligne la musique qui lui est destinée (**).

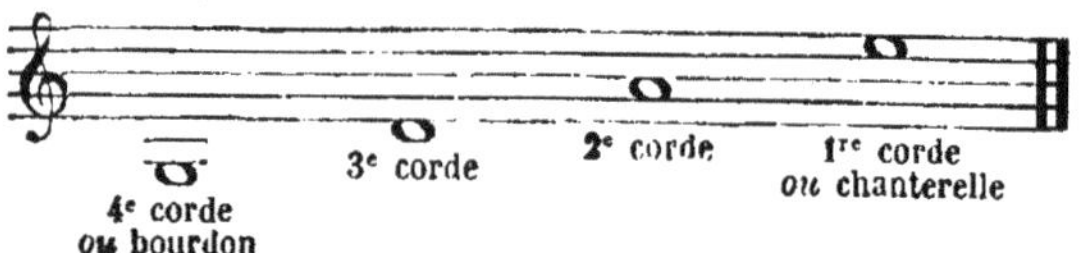

C'est la 2e corde (le *la*) qui sert à donner le ton pour l'accord de tous les instruments de l'orchestre. Le diapason normal actuel ou le *la*, donne 870 vibrations par seconde.

Voici l'étendue chromatique du violon :

La 4e corde du violon (le bourdon), filée en argent, a le timbre du cor; la 3e corde a celui du basson; la 2e corde a celui du hautbois, et la 1re corde (la chanterelle) a celui de la grande flûte, et de la petite flûte lorsqu'on exécute les sons suraigus.

(*) Rodolphe Kreutzer, P. Baillot, J.-B. Cartier, Mazas, Habeneck aîné, D. Alard Ch. Dancla ont publié des méthodes de violon estimées à différents titres.

(**) Lully écrivait les violons en clef de *sol* 1re ligne, dont le diapason est d'une octave au-dessus de celui de la clef de *fa* 4e ligne.

On divise en deux parties les violons de l'orchestre, et on leur assigne à chacun une portée de la partition. Les compositeurs ne font pas *démancher* le second violon, et ne lui donnent pas des notes aussi élevées qu'au premier; cependant, il arrive quelquefois que les premiers violons accompagnent passagèrement les seconds; dans ce cas les rôles sont intervertis. (Lire le début de l'*Hymne du soir* du second acte de la *Vestale*, de Spontini, et l'*allegro* de l'Ouverture du *Calife de Bagdad*, de Boïeldieu.) Ordinairement, c'est au second violon que sont dévolues les batteries, les arpéges, les doubles cordes et les trémolos dans le grave et le médium de l'instrument. Un chapitre spécial sera consacré plus loin, à l'explication de ces différents moyens d'effet.

Le premier violon ne doit pas doubler servilement la mélodie vocale qu'il accompagne; il doit, si elle est large et simple, la broder avec discrétion; la syncoper, si elle a de la chaleur. D'autres fois, un dessin de croches formé de la plupart des sons de chaque accord, jettera beaucoup de poésie sur le chant vocal dont il peindra en quelque sorte les aspirations élevées. C'est ainsi que Spontini, dans ce beau passage de la *Vestale*, a écrit le premier violon :

L'archet, qui remplit un rôle si important, sera également l'objet de considérations étendues, car c'est de son maniement que dépendent de nombreux effets qui jettent une grande variété dans l'exécution.

Les sons harmoniques, qui se produisent en effleurant les cordes d'une certaine manière avec les doigts, auront aussi une mention toute particulière.

§ 2. — DE L'ALTO-VIOLA (*).

L'alto-viola est le ténor des instruments à archet. Il participe du violoncelle par ses cordes graves, et du violon par ses cordes élevées. Il est monté de quatre cordes; en voici les noms et le diapason réel. On l'écrit en clef d'*ut* 3e ligne; mais, lorsque l'on désire

(*) Rolla et Mazas ont écrit chacun une méthode d'alto.

qu'il exécute certaines notes élevées, on emploie passagèrement la clef de *sol* 2e ligne.

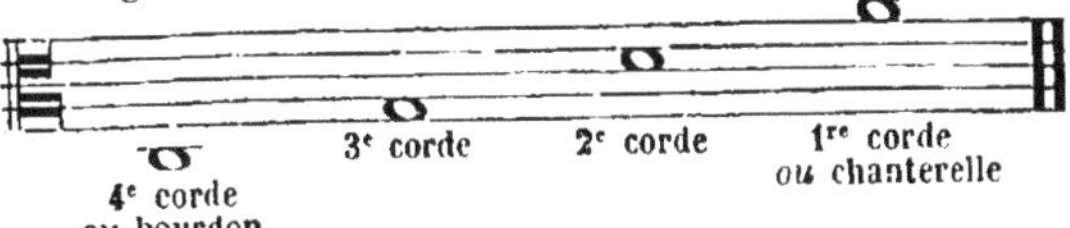

Voici l'étendue chromatique de l'alto-viola, qui prend aussi le nom de quinte :

La 4e corde ou bourdon, ainsi que la 3e corde, filées en argent, ont de l'onction et de la gravité, et leur timbre rappelle celui du cor. La 2e corde a le timbre du basson, et la 1re ou chanterelle, celui du hautbois.

Dans l'orchestre, on écrit très-souvent pour deux altos, mais seulement sur une portée.

L'alto-viola, qui lie l'harmonie, et fait souvent l'office des cors, pourra aussi avoir de temps en temps des espèces de *solos* d'un effet très-expressif. Boïeldieu, dans l'opéra *la Fête du village voisin*, a écrit un fort joli solo d'alto, concertant avec la voix. (Lire l'air : *Simple, innocente et joliette.*) M. H. Berlioz, dans sa symphonie de *Harold*, a donné un véritable rôle tout dramatique à l'alto. Le Sueur, dans sa seconde Messe solennelle, a écrit une rentrée d'alto dont l'effet est très-expressif :

Allegro du CREDO, à la 14e mesure.

VIOLONS.

ALTO. *dim.*

TÉNOR.

BASSE.

§ 3. — DU VIOLONCELLE (*).

Cet instrument, le plus important, après le violon, de tous ceux à archet, remplit un rôle très-actif dans l'orchestre, où, tour à tour il chante ou accompagne.

Le violoncelle est monté de quatre cordes, dont voici les noms et le diapason réel :

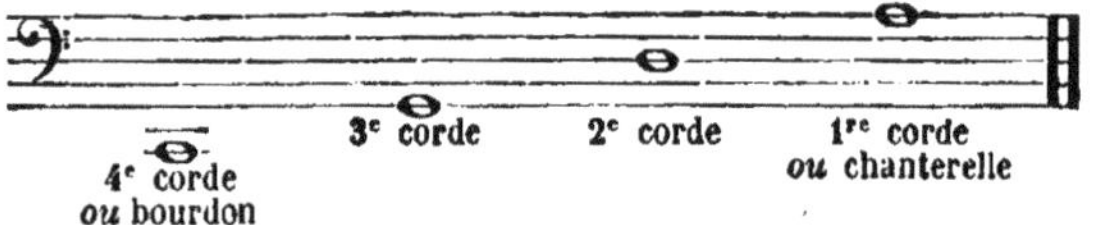

Voici l'étendue chromatique du violoncelle, qui s'écrit en clef de *fa*, en clef d'*ut*, et même en clef de *sol* :

On donnait autrefois le nom de flageolet aux notes suraiguës de la chanterelle du violoncelle.

Le violoncelle a les mêmes cordes que l'alto-viola, mais à une octave grave de différence.

La 4e corde ou bourdon du violoncelle est pleine de gravité; la 3e corde a plus d'éclat, la seconde est vibrante, mais la première ou chanterelle, est d'une expression angélique, surtout dans les notes élevées

(*) Duport, Delamare, Charles Baudiot, Romberg, Chevillard et Lebouc ont écrit des méthodes de violoncelle.

Le violoncelle, lorsqu'il ne fait pas la grosse basse, peut chanter avec autant d'effet que la voix de ténor. Dans le sublime duo du 4e acte des *Huguenots*, cet instrument répond en écho à la voix de *Raoul* et de *Valentine*, et l'effet est d'un pathétique achevé :

Dans *Une Folie*, opéra-comique de Méhul, ce grand compositeur a accompagné toute la première partie du charmant rondeau :

On ne saurait trop embellir
Le court chemin de cette vie,

par les violoncelles et les contrebasses, et cette simplicité rend très-brillante l'entrée du quintette à cordes et des instruments à vent.

§ 4. — DE LA CONTREBASSE (*).

Cet instrument, qui remplit, en quelque sorte, l'emploi d'un métronome sonore dans l'orchestre, est monté de trois et quelquefois de quatre cordes. On l'écrit en clef de *fa* 4e ligne, mais il exécute naturellement une octave au-dessous des notes écrites.

Contrebasse accordée en quintes et à trois cordes (ancien système) :

Contrebasse accordée en quartes (nouveau système) :

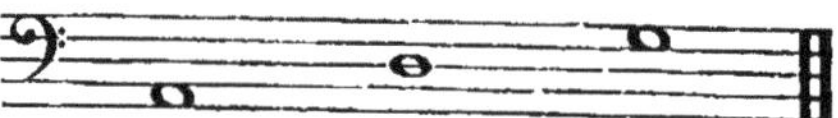

Contrebasse à quatre cordes (système allemand) :

Étendue chromatique de la contrebasse à trois cordes, ancien et nouveau système :

Étendue chromatique de la contrebasse à quatre cordes :

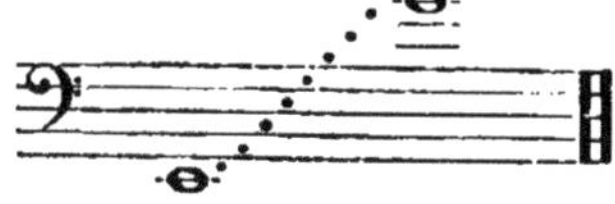

L'effet sonore de la contrebasse à quatre cordes est très-puissant.

(*) M. Achille Gouffé a publié en 1839 une méthode de contrebasse adoptée par le Conservatoire. M. Labro, professeur titulaire de la classe de contrebasse de cet établissement, en a également publié une qui a obtenu le même honneur de la part du Comité des Études.

La contrebasse peut également remplir un rôle très-dramatique dans l'instrumentation. Qui n'a pas été ému en entendant les *pizzicati* de cet instrument dans l'ouverture de *Robin des Bois?*

(*) Ce mot indique aux clarinettistes qu'ils doivent exécuter à l'octave inférieure, les notes placées dans la portée.

Observons, en terminant ce chapitre, que les quatre différentes cordes des instruments du quintette sont naturellement exécutées *à vide*, c'est-à-dire par le seul frottement de l'archet, sans que l'on pose les doigts de la main gauche sur le manche de l'instrument.

Enfin, plus un instrument à cordes ou à vent a de gravité, moins on doit lui faire exécuter des traits rapides. Quant à la contrebasse surtout, le peu de longueur de son archet interdit d'écrire des notes longues et coulées pour cet instrument. Il doit plutôt marquer les temps de la mesure, tandis que, dans ce cas, le violoncelle, dont l'archet est très-allongé, tient les valeurs de rondes et de blanches. La contrebasse a été introduite pour la première fois dans l'orchestre de l'Académie royale de musique vers 1756, par Gelinek, célèbre artiste allemand.

CHAPITRE III.

DU STYLE PROPRE A CHACUN DES INSTRUMENTS FORMANT LE QUINTETTE A CORDES.

Le PREMIER VIOLON étant le plus expressif et le plus chaleureux de tous les instruments à cordes, doit presque constamment tenir le haut du pavé dans l'orchestre. Dans quelques opéras-comiques, on rencontre un solo de violon qui concerte avec la voix. L'air célèbre du *Pré aux Clercs*, « Beaux jours de mon enfance, » d'Hérold, est connu de tous les violonistes. — Dans les ballets, les compositeurs écrivent souvent de grands solos pour le violon. Le *Divertissement en Ré* de Mayseder a été intercalé avec beaucoup d'effet dans le ballet de la *Sylphide*, à l'Académie royale de musique.

Autrefois, on écrivait aussi des solos de violon, soit seul, soit concertant avec la voix, dans les Offertoires des messes en musique. L'*Association des artistes musiciens de France*, a fait revivre depuis quelques années, cette coutume artistique; et, Alard aidant, on entend à Notre-Dame ou à Saint-Eustache de ravissants solos de violon, dont chaque note se change en goutte de rosée charitable pour les pauvres artistes.

Lorsqu'on traite le violon en solo, on l'accompagne par un premier violon, naturellement très-*sobrement* écrit, et qui devient en quelque sorte une annexe du SECOND VIOLON. Ce dernier remplit un rôle *modeste;* mais, ainsi qu'on l'a dit plus haut, du moment qu'il remplace le premier violon, il doit en avoir les allures.

Disons, avant d'aller plus loin, que le *pizzicato*, ou le pincement des cordes (l'archet étant mis au repos), peut être exécuté sur chacun des instruments qui forment le quintette. Les violons, altos et violoncelles, peuvent faire avec ou sans l'archet, des accords de deux, de trois et même de quatre sons. La contrebasse, à cause de la grosseur de scs cordes, ne permet le *pizzicato* que d'une seule d'elles. On indique cette sorte d'exécution par le mot *pizzicato* (ou *pizz.* en abrégé); et, dès que l'on veut faire reprendre l'archet, on surmonte le passage noté de ces deux mots : *col arco* (ou simplement *arco*), « avec l'archet ».

L'ALTO, qui lie ordinairement l'harmonie, peut, dans les moments de force, ou doubler à l'octave inférieure les deux violons, ou doubler à l'unisson ou à l'octave supérieure les basses. Dans l'ancienne musique, l'alto joue un rôle très-secondaire, et fort souvent même, il double servilement les basses à l'octave, ce qui a l'inconvénient de placer parfois, la partie de basse (haussée d'une octave), au-dessus de la partie vocale. On doit éviter de commettre cette faute.

Dans un monologue d'Oreste, de l'*Iphigénie en Tauride*, Gluck a écrit des *la* d'alto répétés neuf fois de suite, puis suivis d'un petit silence, dont l'effet est très-dramatique. Oreste s'endort en disant : *Le calme renaît dans mon âme;* mais il se ment à lui-même, et l'agitation fébrile et incessante qui l'obsède est indiquée par l'alto.

D'autres fois, les tenues d'alto produisent un effet purement musical et pourtant charmant; témoin les *ut* sur la chanterelle, qu'on remarque dans l'air de danse, en *fa*, du ballet d'*Armide*, de Gluck, maître qu'on ne saurait jamais trop citer lorsqu'il s'agit d'instrumentation peignant la situation avec une vérité frappante.

Lorsque les doubles notes qu'on écrit à l'alto peuvent être exécutées facilement par un seul artiste, il est bon que son camarade de pupitre agisse de même; cette attention double en quelque sorte le nombre des exécutants, sans augmenter le budget d'un orchestre.

Le VIOLONCELLE, avons-nous déjà dit, accompagne ou récite. Dans le premier cas, il remplit le rôle modeste, mais si utile, de la basse; dans le second cas, il peut dominer à l'exemple du premier violon. Qui n'a point été ému par la phrase pathétique que les violoncelles exécutent dans l'*andante* de l'Ouverture de *Robin des Bois?* Qui n'a été enlacé, en quelque sorte avec *Robert*, par la mélodie caressante que les violoncelles soupirent dans le ballet fantastique de *l'acte des Nones* du premier chef-d'œuvre français de l'illustre Meyerbeer?

La CONTREBASSE doit être écrite avec sagesse dans l'orchestre ordinaire; cependant, lorsqu'elle récite à sa manière, on peut lui faire exécuter certains traits assez véhéments et même rapides; témoin les rafales de l'orage de la *Symphonie Pastorale*, et l'entrée du trio du Scherzo de la symphonie en *Ut* mineur, dans lequel les contrebasses, véritables Calibans (*) sonores, semblent se livrer à de bruyants éclats de joie, à la manière des mastodontes.

CHAPITRE IV.

EFFETS PARTICULIERS DES INSTRUMENTS A ARCHET.

DES SONS HARMONIQUES. — DES DIFFÉRENTS COUPS D'ARCHET. — DES BATTERIES. — DU TRÉMOLO. — DE L'ARPÉGE. — DES DOUBLES, TRIPLES ET QUADRUPLES CORDES. — DE LA SUBDIVISION DES PREMIERS VIOLONS, DES SECONDS VIOLONS, DES ALTOS, DES VIOLONCELLES ET MÊME DES CONTREBASSES. — DE L'EMPLOI DE LA SOURDINE.

§ 1. DES SONS HARMONIQUES.

Dans l'ancienne instrumentation on rencontre çà et là quelques sons harmoniques, produits, ainsi que nous l'avons dit précédemment, par le frôlement léger des doigts sur l'une des cordes des violons, des altos et des violoncelles, et très-rarement des contre-

(*) Personnage de la *Tempête* de Shakspeare.

basses. Lorsque l'on surmonte d'un ◊ certaines notes destinées à ces différents instruments, cela indique que la note doit être exécutée harmoniquement. L'effet produit donne la douzième ou la quinte à l'octave de la note écrite, si l'exécutant place le doigt sans l'appuyer sur le premier tiers de la corde. Exemple :

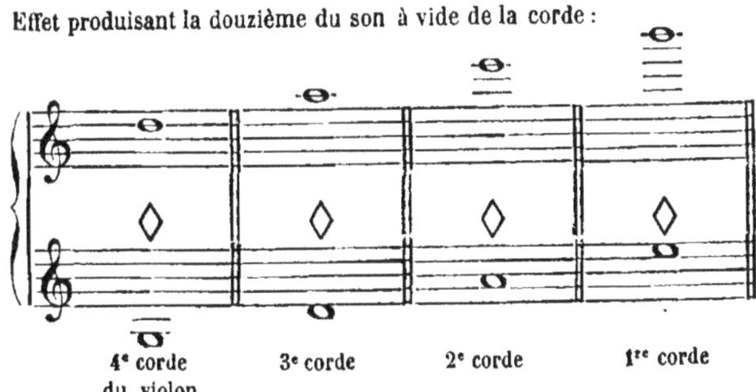

Si l'on veut que le son soit seulement modifié, mais sans l'élever d'une douzième, il suffit de poser le doigt sans l'appuyer sur le second tiers de la corde, en surmontant les notes d'un *o*.

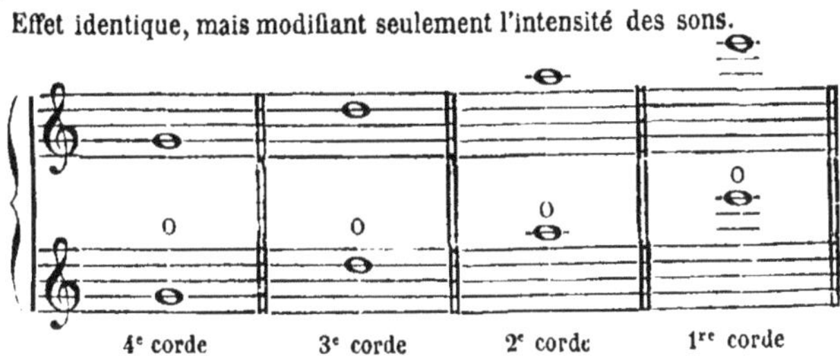

On peut encore produire d'autres sons harmoniques en prenant d'autres positions; mais ces finesses étant du domaine des fantaisies, airs variés et concertos de violon, d'alto, de violoncelle et même de contrebasse, nous renvoyons aux méthodes spéciales pour en connaître en détail le mécanisme ingénieux. MM. Georges Kastner et Hector Berlioz ont chacun, dans de grandes compositions, tiré un parti très-poétique de l'emploi des sons harmoniques. (Lire la *Harpe d'Eole* du premier de ces deux compositeurs, et *Roméo et Juliette* du second.)

§ 2. — DES DIFFÉRENTS COUPS D'ARCHET (*).

Les violons, altos, violoncelles et contrebasses (**) produisent des effets très-variés au moyen des différents coups d'archet. Voici leur nomenclature :

1. Le *détaché* se joue à grands coups d'archet.

2. Le *piqué* se joue en employant peu d'archet.

3. Le *coulé* se joue en liant les notes de toute ou partie de la longueur de l'archet.

4. Le *staccato* se joue en piquant les notes, mais d'un seul coup d'archet en poussant.

5. Le *mordant* est une espèce de trille tronqué.

6. Le *martelé* se joue du talon de l'archet.

(*) Le célèbre Tartini a publié en 1745 cinquante Variations sur un thème de lui qui résument l'art de l'archet.

(**) La contrebasse se prête difficilement à l'exécution de la plupart des coups d'archets dont la nomenclature va suivre.

13. Le *point d'orgue*, qui offre la réunion de plusieurs coups d'archet employés successivement, résume, dans les concertos, par exemple, les principaux motifs et traits du premier allegro de cette composition grandiose.

Ces différentes manières d'accentuer les notes donnent à la mélodie une grande variété quant à la couleur des sons qui la forment. — Les coups d'archet s'appliquent également aux simples dessins d'accompagnement, et même aux notes qui ne font que diviser les temps des différentes mesures. Le bon goût, la convenance, le caractère général du morceau, l'expression particulière de la mélodie, indiquent aux compositeurs intelligents quelle espèce de coups d'archet ils doivent écrire.

§ 3. — DES BATTERIES.

On donne le nom de *batterie* à l'exécution lente ou rapide des notes formant un accord. Dans l'orchestre, c'est ordinairement le second violon ou l'alto, et quelquefois le violoncelle, qui exécutent les batteries.

§ 4. — DU TRÉMOLO.

Le *trémolo* se produit en exécutant très-rapidement un groupe de mêmes notes, simples ou doubles. Tous les instruments du quintette peuvent le produire. Autrefois, les compositeurs en faisaient un grand usage dans le récitatif de l'opéra. Maintenant on l'emploie plus volontiers dans les morceaux proprement dits. Exemple :

Début de l'*Andante* du 25e Quatuor, d'A. Elwart. (1853)

§ 5. — DE L'ARPÉGE.

L'*arpége*, de même que la batterie, fait entendre successivement tout ou partie des notes d'un accord. Mais son caractère élégiaque lui donne une physionomie toute particulière, et qui rappelle le style des accompagnements de la harpe (en italien *arpa*), dont cet effet a tiré son nom.

Dans la musique italienne, l'arpége suivant est très-employé, soit avec l'archet, soit le plus souvent en pinçant les cordes. Bellini s'est servi à satiété de ce moyen dans son orchestration souvent fort peu recherchée.

§ 6. — DES DOUBLES, TRIPLES ET QUADRUPLES CORDES.

On fait la double corde de deux manières : soit en doublant un son à l'unisson ou à l'octave, et à la triple octave, soit en faisant entendre la tierce d'un son, sa quarte, sa quinte, sa sixte, sa septième, sa neuvième et même sa dixième. Exemples 1 et 2 :

Dans les trois mesures précédentes, le *ré* inférieur résonne toujours à vide, tandis que son unisson, son octave et sa double octave sont produits en posant les doigts sur les cordes.

Doubles sons en tierce, en quarte, en quinte, en sixte, en septième, en octave, en neuvième et en dixième (ces derniers peu usités).

On peut exécuter simultanément des accords de trois et de quatre sons, mais il faut en quelque sorte les arpéger, à cause de la convexité du chevalet des instruments à cordes. Exemple :

On évite de faire exécuter à l'alto-viola et surtout au violoncelle des accords de trois et de quatre sons. Cependant l'alto-viola peut, à la rigueur, en faire autant que le violon; mais sur le violoncelle, l'écartement forcé des doigts, causé par la grosseur et la longueur du manche de l'instrument, ne permet guère que l'exécution des accords de trois et de quatre sons suivants :

§ 7. — DE LA SUBDIVISION DES PREMIERS VIOLONS, DES SECONDS VIOLONS, DES ALTOS, DES VIOLONCELLES, ET PLUS RAREMENT DES CONTREBASSES.

Dans les compositions modernes, on rencontre quelquefois des passages où les premiers violons, et même les seconds, sont subdivisés. Quant aux altos, ils le sont presque constamment. A moins de vouloir produire un effet spécial, on est plus sobre de divisions à l'égard des violoncelles, et surtout des contrebasses, parce que les sons de cet instrument étant très-graves, les accords produits par leur accumulation deviendraient trop sourds.

Weber, dans l'ouverture d'*Eurianthe*, Adolphe Adam, au commencement de celle du *Roi d'Yvetot*, Berlioz dans la *Danse des Sylphes* de *Roméo et Juliette*, Richard Wagner dans le *Tannhauser*, G. Kastner dans plusieurs de ses livres-partitions ont divisé les violons. — Rossini, dans l'andante de l'ouverture de *Guillaume Tell*, a écrit pour trois violoncelles. Cet effet ne doit pas être trop prolongé; mais son emploi intelligent jette beaucoup de charme et de variété dans l'instrumentation. Ordinairement, dans les moments pathétiques, les compositeurs doublent les premiers violons à l'octave et traitent les autres parties du quintette sans leur faire subir de modifications. C'est surtout lorsque l'on écrit pour un orchestre nombreux que l'on peut se permettre de subdiviser les violons, altos et violoncelles; car dans un petit orchestre ce procédé affaiblit la masse des exécutants au détriment de l'effet général.

§ 8. — DE L'EMPLOI DE LA SOURDINE.

La *sourdine* est un petit instrument dentelé, de *buis* ou d'*ébène*, qui se place sur le chevalet des instruments à cordes et à archet. Elle diminue le son de moitié quant à son intensité, et donne à l'instrument un timbre nasillard qui produit un effet souvent très-mystérieux.

Dans le récitatif qui peint la chaleur accablante à l'heure de midi, un beau jour d'été, Haydn, le sublime auteur des *Quatre Saisons*, a employé la sourdine avec génie. Les trémolos des violons semblent faire scintiller dans l'air la poudre d'or d'un soleil tropical. Chérubini, dans le chœur charmant : « Dors, noble enfant », de *Blanche de Provence;* Weber, qu'on retrouve partout où il y a un effet poétique à reproduire, Weber, dans le chœur des *Génies* d'*Oberon*, offrent également l'emploi heureux de la sourdine.

L'indication italienne *con sordini* (avec sourdines) se place soit au commencement, soit dans le courant d'un morceau. Dès que le compositeur désire faire cesser cet effet, il écrit les mots italiens *senza sordini* (sans sourdines), et les instrumentistes exécutent à l'ordinaire. Il suffit de leur faire compter la valeur d'un temps, pour qu'ils puissent enlever la sourdine. Il faut au moins deux et même quatre temps de silence pour qu'ils la placent sans interrompre la marche inflexible du morceau commencé.

CHAPITRE V.

DEUXIÈME GROUPE.

ÉTENDUE ET CARACTÈRE DES INSTRUMENTS A VENT EN BOIS ET EN CUIVRE, DONT LA RÉUNION FORME L'*HARMONIE*.

A. Instruments à vent en bois.

Depuis vingt ans une révolution a eu lieu dans le système de la perce et des clefs de tous les instruments à vent en bois. C'est à Bœhm, facteur de Munich, qu'on en est redevable. Si la justesse des sons y a gagné, on peut dire que le timbre de tous ces instruments a été sensiblement modifié. Il était naturel et *sui generis :* grâce au système nouveau, il est plus raffiné, mais moins touchant.

§ 1. — DE LA PETITE FLÛTE OU PICCOLO.

Cet instrument joue naturellement en *ré*. Voici son étendue chromatique :

Il exécute les notes une octave supérieure à leur position écrite, Cette transposition naturelle est produite par le peu de longueur du tube de l'instrument.

On écrit quelquefois pour deux petites flûtes. Le timbre du piccolo est gai, vif et brillant. Les trilles y produisent un effet tout joyeux. Les gammes chromatiques imitent le vent de l'orage. — Dans l'introduction de l'ouverture d'*Iphigénie en Tauride*, Gluck a écrit des trilles doubles de petites flûtes d'un effet très-dramatique. Weber, dans l'air : « *Sans chagrin pour l'avenir* » de *Robin des Bois*, a placé des trilles doubles d'un caractère satanique. Dans l'air si nouveau d'instrumentation du *piff-paff* des *Huguenots*, Meyerbeer a fait concerter la petite flûte avec... la grosse caisse et les cymbales. Dans le *Désert* (Danse de l'Almée), Félicien David a fait entendre à différentes octaves la petite flûte, le hautbois et la clarinette à l'unisson, et ce triple mélange produit un effet très-pittoresque. Le mouvement à $\frac{6}{8}$ du final de la Symphonie avec chœurs de Beethoven offre aussi l'emploi très-coloré et tout chevaleresque de la petite flûte.

La petite flûte joue rarement un solo de longue haleine. Cependant, lorsque le sujet l'exige, cet instrument domine l'orchestre. C'est ainsi que, dans sa charmante valse du *Rossignol*, Jullien, l'émule de Musard, a donné à la petite flûte une importance toute particulière.

§ 2. — DE LA GRANDE FLÛTE (*).

Elle exécute naturellement en *ut*, et dans le diapason réel de la clef de *sol* 2e ligne, sur laquelle on l'écrit. Voici l'étendue chromatique de la grande flûte :

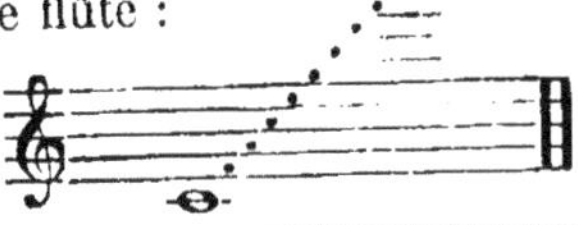

(*) Guillou, Tulou et Berbiguier ont publié chacun une méthode de flûte. M. Coche en a publié une pour la flûte, système de Bœhm. Walckiers est également l'auteur d'une excellente méthode de flûte.

Dans les orchestres complets, on emploie deux grandes flûtes.

Dans le grave et le médium, cet instrument a quelque chose d'auguste et de religieux. L'andante en *mi* ♮ majeur du grand air d'Anna de *Robin des Bois :* « O des nuits paisible courrière », est accompagné dans le grave, par deux flûtes, et l'effet qu'elles produisent est sublime.

La grande flûte lutte avec avantage avec la voix de femme; elle répète en échos les passages de la plus audacieuse vocalisation. Dans l'air de la Fauvette de *Zémire et Azor*, de Grétry, dans celui du *Rossignol*, de Lebrun, la grande flûte exécute une partie extrêmement intéressante.

§ 3. — DU HAUTBOIS (*).

Cet instrument, dont le timbre agreste fait rêver au calme des champs, semble donner de l'air dans l'orchestre, où une simple tenue de hautbois produit toujours un charmant et lumineux effet. Lire l'andante de Phénice, n° 1 du premier acte de l'*Armide* de Gluck. Dans la phrase chantée par la suivante d'Armide, le hautbois fait une tenue de la note *fa* (sur la 5e ligne de la clef de *sol*), et cette tenue tire tout son charme du changement d'harmonie qui l'accompagne.

On écrit ordinairement pour deux hautbois.

Voici son étendue chromatique. Le hautbois, naturellement en *ut*, s'écrit sur la clef de *sol* 2e ligne, et exécute les notes sans les transposer.

Les hautbois, dont l'emploi est très-ancien, formaient le fond de l'harmonie du temps de Lully, et même il y en avait huit à l'orchestre de l'Académie royale de musique . La musique des régiments en employait aussi beaucoup à cette époque, concurremment avec les fifres et les tambours.

(*) Vogt et H. Brod ont publié chacun une méthode de hautbois.

(**) Quelques hautbois ont ce *si* ♭ grave.

§ 4. — DE LA CLARINETTE SOPRANO (*).

L'admirable instrument qui fait le sujet de ce paragraphe exécute, au moyen de trois corps de rechange, en trois tons différents : en *la*♮, en *si* ♭ et en *ut*.

On emploie ostensiblement la clef de *sol* 2e ligne, mais,en *la* ♮ les compositeurs écrivent réellement en clef d'*ut* 1re ligne ; en *si*♭. en clef d'*ut* 4e ligne, et en *ut*, en clef de *sol* 2e ligne.

On écrit ordinairement pour deux clarinettes. Le ton s'indique à côté de l'armure de la clef.

Voici l'étendue chromatique de la clarinette :

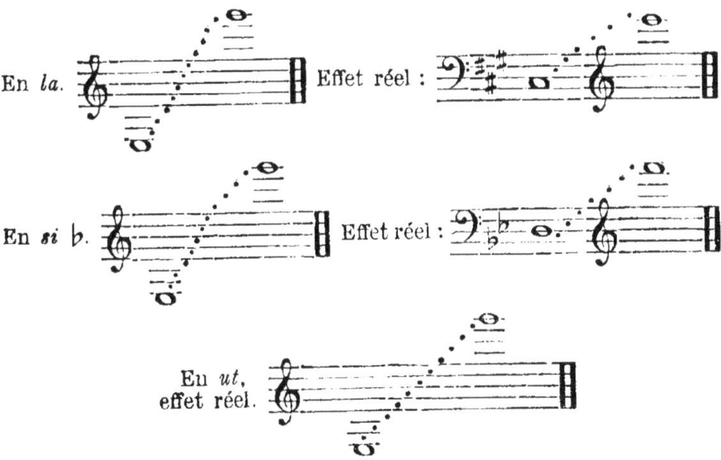

Dans le grave, ou le *chalumeau*, les clarinettes produisent un effet très-dramatique. M. Carafa, dans son opéra italien *Il sacrificio d'Epito*, a, en 1819, écrit un accompagnement dans le chalumeau d'un effet aussi expressif que nouveau. Weber, dans l'andante de l'Ouverture de *Robin des Bois*, a mis en œuvre un effet identique.

Les arpéges graves sont très-brillants sur la clarinette. Elle a des accents très-pathétiques lorsqu'elle soupire une mélodie large et expressive. Le Sueur a écrit un *O Salutaris* pour ténor solo avec accompagnement obligé de clarinette en *si*♭, dont l'effet est sublime. (Lire la troisième messe solennelle de ce compositeur.)

(*) Xavier Lefebvre et Beer ont publié chacun une méthode de clarinette.

Des trois clarinettes, celle en *si* ♭ est la plus employée à cause de la beauté de son timbre. Beaucoup de clarinettistes s'en servent constamment, quel que soit d'ailleurs le ton indiqué par les compositeurs. C'est une question de transposition qu'il leur est très-facile de trancher. Quoique écrite réellement en clef d'*ut* 4e ligne, la clarinette en *si* ♭ n'exécute pas les sons dans le diapason grave de cette clef, mais bien dans celui de la clef de sol 2e ligne.

Rameau est le premier compositeur qui ait introduit la clarinette au Grand-Opéra. La clarinette exécute très-souvent à l'octave inférieure certaines mélodies, certains traits donnés à la grande flûte. Nons avons déjà fait remarquer la puissance dramatique de ses sons graves : Ajoutons que son timbre mélancolique permet de lui confier les mélodies les plus pathétiques. — Qui n'a été profondément touché en écoutant la belle et déchirante mélodie de la clarinette dans l'allegro de l'ouverture de *Robin des bois?* Grétry disait que s'il avait à faire danser dans une prison, il emploierait la clarinette.

§ 5. DU BASSON (*).

Cet instrument, dont l'emploi est très-ancien dans l'orchestre, a une très-grande étendue. Il est le violoncelle des instruments à vent en bois. Le basson est donc tout à la fois une basse par ses notes graves, un baryton par ses notes du médium et un ténor très-expressif par ses notes élevées.

Voici son étendue chromatique. On écrit ordinairement pour deux bassons, et l'on se sert de la clef de *fa* et de la clef d'*ut* 4e ligne, sans transposer :

Les sons saccadés, dans le grave du basson, produisent un effet fantastique, et ses notes tenues dans le médium ou à l'aigu imitent la voix humaine à s'y méprendre.

(*) Ozy a publié une méthode de basson.

Meyerbeer, dans l'acte des nones de *Robert le Diable*, a tiré un parti merveilleux des bassons. Dans les *tutti* d'orchestre, les bassons doublent souvent à deux octaves la partie de basse.

Le basson est extrêmement mélancolique, comme la clarinette. Rien de plus sublime que la tenue élevée faite par cet instrument au moment où le père de Desdémona la maudit, dans le final du 2e acte de l'*Otello* de M. Rossini.

B. Instruments à vent en cuivre.

§ 6. — DE LA TROMPETTE DROITE OU D'ORDONNANCE (*).

L'emploi de ce bel instrument devient rare. Beaucoup d'artistes, de province surtout, le remplacent par le cornet à pistons; mais l'effet solennel particulier à la trompette droite ou d'ordonnance n'est plus le même.

On écrit pour deux trompettes. — Voici l'étendue de cet instrument.

Les notes suivantes manquent à la trompette :

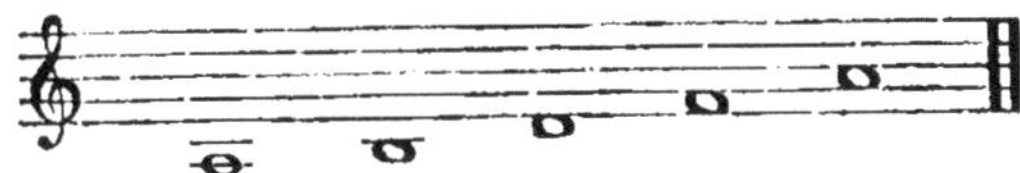

Dans la publication de l'édit du *Dieu et la Bayadère* et dans un boléro de la *Muette*, M. Auber a employé la trompette droite avec beaucoup d'effet.

La musique de trompette s'écrit sur la clef de *sol* 2e ligne. Mais, au moyen de corps de rechange, on transpose le ton d'*ut*, ton naturel de la trompette, dans ceux de *ré*, *mi* ♭, *mi* ♮, *fa*, *sol*, *la* ♭, *la* ♮, *si* ♭ et *si* ♮.

(*) M. A. Dauverné a publié une excellente méthode de trompette.

Voici une gamme indiquant le diapason réel et les clefs nécessaires pour écrire les trompettes dans tous les tons.

Ton d'*ut*. Ton de *ré*. Ton de *mi* ♭. Ton de *mi* ♮. Ton de *fa*.

Ton grave. Ton médiaire. Ton médiaire. Ton aigu Ton aigu.

Ton de *sol*. Ton de *la* ♭. Ton de *la* ♮. Ton de *si* ♭. Ton de *si* ♮.

Ton grave. Ton grave. Ton grave. Ton grave.

On ne doit donner aux trompettes que des notes du médium dans les tons aigus de *mi* ♮, *fa*, *sol*. Ce n'est que dans ceux de *si* ♭, d'*ut*, de *ré* et de *la* que l'on peut leur faire exécuter ce contre-sol : ; et encore, dans les tons de *mi* ♭ et de *la* l'attaque de ce son est-elle très-difficile. La trompette ne chante pas que la victoire; elle a aussi des accents funèbres pour pleurer sur les victimes de la guerre. Les quelques notes que cet instrument fait entendre dans l'andante de la symphonie en *la* de Beethoven, ont une expression ineffable.

§ 7. DU COR ORDINAIRE (*)

Ce magnifique instrument, que la trompe de chasse a précédé dans l'orchestre de l'Opéra, où elle fut introduite par Lully, le créateur en France de la tragédie lyrique, est toujours employé avec succès, quel que soit le caractère ou le genre du morceau dans lequel on le fait donner. Dans le principe, on n'écrivait que pour deux cors. Beethoven en Allemagne, Méhul en France, Chérubini, Le Sueur, Spontini, Rossini, Meyerbeer, Halévy, Auber, ont très-souvent employé quatre cors. Cependant Beethoven, dans certaines de ses symphonies, n'emploie que deux et quelquefois trois cors.

Le cor, quoique toujours écrit ostensiblement en clef de *sol* 2e ligne, emploie autant de corps de rechange que la trompette; ce qui naturellement oblige à écrire mentalement dans toutes les clefs.

Voici l'étendue du cor :

Certains sons du cor sont *ouverts*, d'autres sont *bouchés*. Les sons *ouverts* forment l'accord parfait du corps de rechange choisi. Les sons *bouchés*, qu'on obtient en mettant la main fermée dans le pavillon de l'instrument, produisent les notes intermédiaires de la gamme du ton. Cependant, par exception, le *si* ♭ du médium est ouvert, et le *si* ♮, également du médium, est un peu mixte, ni trop ouvert ni trop fermé :

Les sons bouchés ont une expression sinistre dont les compositeurs habiles font un emploi souvent très-heureux.

Voici une gamme dans laquelle les sons ouverts et bouchés sont indiqués :

(*) M. Dauprat a publié une excellente méthode de cor ordinaire.

Le cor, dont le timbre fait rêver aux frais ombrages d'une forêt peint également les mystérieux sentiments de l'âme la plus tendre La ritournelle de l'air : « Viens, gentille dame, » de la *Dame blanche* de Boieldieu est d'une expression délicieuse. Dès le début de l'ouverture d'*Obéron*, les quelques notes de cor font pressentir tout ce qu'il y a de féerique dans ce bel opéra de Weber.

Dans certains tons graves, tels que ceux de *si* ♭, d'*ut*, de *ré*, de *mi* ♭ ou ♮, on peut faire tenir aux cors la tonique et la dominante du ton, doublées l'une et l'autre à l'octave inférieure. Il suffit, pour indiquer cet effet spécial, d'écrire les deux sons en clef de *fa* 4ᵉ ligne (abstraction faite de la clef choisie pour le ton du corps de rechange). L'*ut* grave indique la tonique, et le *sol* grave la dominante du ton choisi. Exemple :

Dès que l'on veut que cet effet cesse, on remplace la clef de *fa* par celle de *sol*. Exemple :

Lorsque l'on écrit pour quatre cors, les deux premiers jouent dans un ton et les deux seconds dans un autre.

L'introduction de l'ouverture de *Robin des bois* offrira aux méditations des élèves un magnifique emploi des quatre cors, dont une paire est en *fa* et l'autre paire en *ut*.

(*) Dans les tons de *si* ♭ grave, de *mi* ♭ et de *ré*, on peut faire donner le contre-*ut* aux premiers cors, en ayant soin de le précéder de notes ouvertes ou d'un fragment de gamme. Exemple :

Beethoven, symphonie héroïque, à la 11ᵉ mesure du trio :

On peut, si on le désire, écrire chacun des deux cors ou des quatre cors dans un ton différent. Cette disposition oblige à consacrer une portée spéciale dans la partition à chacun d'eux. Les combinaisons qu'offrent quatre tons différents produisent un effet très-heureux; car on peut échelonner des accords en sons bouchés et en sons ouverts d'une sonorité tour à tour voilée et brillante, et même une mélodie peut être exécutée par chacun des quatre cors, et aboutir à un accord très-vibrant. Exemple :

Afin de ne pas être obligé d'employer *accidentellement* les signes nécessaires pour exécuter un morceau de cor écrit dans un ton étranger à celui du corps de rechange choisi, on met à la clef, dès le début, le ou les signes nécessaires.

Exemple tiré du grand air de Julia, n° 8 de la *Vestale* de Spontini :

Nous devons observer que le ton de *fa* ayant déjà un bémol à l'armure de la clef, n'a exigé pour produire celui de *mi* ♭, que l'adjonction de deux bémols, *mi* et *la*. — Par un excès de *précaution inutile*, Spontini, à l'exemple de Grétry, a noté ostensiblement en clef d'*ut* 2ᵉ ligne, avec trois bémols à la clef; ce qui est une erreur.

Les notes suivantes ne peuvent être attaquées par les cors ordinaires :

Mais, en les précédant chacune d'une note appartenant à l'accord parfait du corps de rechange ou du ton choisi, ces notes, quoique d'un effet sourd, sont faciles sur le cor :

Le *fa* dièse et le *la* bémol graves, médiums ou aigus, ne peuvent être exécutés que précédés du *sol*, dominante du ton choisi pour le cor :

L'embouchure des premiers cors, étant très-petite, ne permet pas aux artistes d'exécuter des sons trop graves; par contre, celle des seconds cors étant assez large, il ne peuvent exécuter des sons trop aigus.

Voici une gamme indiquant le diapason réel et les clefs nécessaires pour écrire les cors dans tous les tons.

Ton de *si* ♭. Ton d'*ut*. Ton de *ré*. Ton de *mi* ♭. Ton de *mi* ♮. Ton de *fa*.

Ton de *sol*. Ton de *la* ♭. Ton de *la* ♮. Ton de *si* ♭. Ton de *si* ♮.

En tirant une coulisse mobile du corps de rechange, on peut produire les tons de *ré* ♭ et de *sol* ♭.

§ 8. — DES TROIS TROMBONES (**).

C'est Gluck qui a introduit les trombones dans l'orchestre du Grand-Opéra de Paris. Autrefois les trois trombones étaient ainsi divisés :

Trombone-alto, qui s'écrivait sur la clef d'*ut* 3e ligne;

Trombone-ténor, qui s'écrit encore sur la clef d'*ut* 4e ligne;

Trombone-basse, qui s'écrit sur la clef de *fa* 4e ligne.

(*) On ajoute, suivant le cas, l'adjectif aigu ou grave à l'indication des deux tons de *si* ♭.

(**) MM. Dieppo et Hémet ont publié chacun une méthode de trombone.

De nos jours on écrit les trois trombones en clefs de *fa* ou d'*ut* 4ᵉ ligne, et le trombone-basse est le seul employé, ce qui n'empêche pas d'écrire les trois trombones, en donnant à chacun d'eux le degré d'élévation indiqué par leur ordre numérique. La suppression du petit trombone-alto est une perte pour l'effet des sons aigus, que le trombone-ténor ne peut atteindre avec autant de facilité.

Voici l'étendue chromatique des trois trombones :

Il est bien entendu que les trois trombones en usage aujourd'hui ont une étendue identique. Dans l'exemple précédent nous n'avons voulu qu'indiquer le point grave de départ et celui d'arrivée de chacun d'eux. Le trombone a une expression très-grandiose. L'entrée de la statue du Commandeur, dans le *Don Juan* de Mozart, est connue de tous les admirateurs de ce grand génie.

Dans les orchestres où il n'y a qu'un trombone, c'est le trombone-basse qu'on emploie de préférence. Souvent les trois trombones jouent à l'octave ou à l'unisson. — L'air d'*Orphée* de Gluck (scène de l'Enfer) offre l'exemple sublime d'un formidable unisson des trois trombones : Orphée supplie les divinités infernales de lui rendre Eurydice, et le terrible *Non!* renforcé par les trois trombones, jette l'épouvante dans l'âme des auditeurs. (Lire la partition d'*Orphée*). — L'allegro de l'ouverture de *Robin des bois* offre un exemple de l'emploi très-expressif du trombone-basse. Cet instrument ne fait pourtant entendre que ces deux notes : , mais elles ont tant d'expression, placées au milieu de la mélodie si fraîche et si colorée du hautbois!

Par extension, les trombones peuvent donner le *si* bémol grave.

Exemple :

Les instruments à vent ont chacun une physionomie si tranchée que Chérubini les considérait toujours comme jouant de véritables solos dans l'orchestre. C'est pour cette raison que l'on rencontre beaucoup de partitions dans lesquelles le quintette à cordes est embelli par un ou deux instruments à vent.

CHAPITRE VI.

TROISIÈME GROUPE.

INSTRUMENTS DE PERCUSSION. NOTATION, CARACTÈRE, ETC.

§ 1er DES TIMBALES (*).

C'est encore à Lully que l'on doit l'introduction de timbales dans l'orchestre de l'Académie royale de Musique de Paris.

Cet instrument est composé de deux corps demi-sphériques en cuivre d'inégal diamètre, et recouverts d'une peau tendue au moyen d'écrous mobiles, circonstance qui permet d'accorder *à peu près* les timbales, dont la plus grosse fait la dominante et la plus petite la tonique. On indique ces deux sons soit par le nom propre des notes, soit par deux lettres signifiant la même chose dans les gammes allemande et italienne (**).

Autrefois les compositeurs écrivaient toujours les timbales en *ut sol,* ce qui, dans les autres tons de *ré, mi, fa,* etc., les obligeait à faire usage mentalement d'une autre clef. De nos jours on écrit réellement, en clef de *fa* 4e ligne, la *tonique* et la *dominante* des timbales.

La timbale est un instrument d'une grande puissance, sous la plume d'un musicien de génie. Lorsque l'on veut renforcer l'effet, on peut faire frapper simultanément la tonique et la dominante.

Cependant, Weber dans l'introduction de l'ouverture de *Robin des bois* a fait accorder une timbale en *ut* et l'autre en *la* ♮.

Si l'on veut que l'effet soit sourd, on indique cette intention par les mots : *timbales voilées;* le timbalier fait usage dans ce cas de baguettes armées d'une petite éponge.

(*) G. Kastner est le seul théoricien qui ait écrit une méthode spéciale pour cet instrument de percussion.

(**)

C	D	E	F	G	A	B	H.
ut	*ré*	*mi*	*fa*	*sol*	*la*	*si*	*si* ♭.

Enfin, si l'on désire produire un effet lugubre, on peut étendre un grand morceau de drap ou de serge sur les deux timbales.

Haydn, Mozart, Weber, Beethoven ont fait de la timbale un véritable instrument d'une très-grande importance. Les trémolos, les notes sèches, les coups frappés avec colère, tout s'exprime sur les timbales. Dans l'andante de la symphonie en *si* ♭, Beethoven leur fait chanter le rhythme du motif principal. On sait avec quel à propos plein de génie ce grand maître semble faire tomber le tonnerre dans l'orage de la symphonie pastorale. La timbale, lorsque l'on ménage ses entrées, peut produire des effets surprenants. Dans l'air d'*Armide* de Gluck, « Notre général vous rappelle. » Ce grand compositeur a donné une verve formidable à la timbale.

Beethoven a, contrairement à l'usage, dans sa 8ᵉ symphonie (en *fa*), accordé les timbales à l'octave, ainsi :

M. H. Berlioz, dans son *Requiem*, a employé six paires de timbales. — A L'Opéra de Paris, afin de donner le temps au timbalier de s'accorder, on a mis à sa disposition trois timbales.

Lorsque l'on veut que la tonique ou la dominante, ou ces deux sons, soient changés dans le courant d'un morceau, il faut, en lui faisant compter un nombre raisonnable de pauses, donner à l'artiste le temps de faire manœuvrer les écrous mobiles des timbales. Afin de pouvoir agir instantanément, M. Sax père imagina, il y a plus de vingt-cinq ans, une série chromatique de timbales de toutes grandeurs. Cette ingénieuse, mais dispendieuse invention est restée jusqu'à présent à l'état de curiosité musicale, mais M. Adolphe Sax, son fils, vient d'imaginer une timbale sans chaudron de cuivre; ce qui rend l'instrument très-portatif pour les musiciens militaires.

§ 2. — DE LA GROSSE-CAISSE ET DES CYMBALES.

Ces deux instruments vont ordinairement de compagnie, et dans la plus part des orchestres c'est le même artiste qui les exécute simultanément. Cependant on produit de certains effets en employant soit la grosse caisse, soit les cymbales en solo.

On écrit pour la forme en clef de *fa* 4ᵉ ligne. Plusieurs compositeurs remplacent cette clef par ces deux barres : ▌▌, et indiquent le rhythme par la notation musicale de rondes, blanches, noires et croches.

Avec la seule grosse caisse on produit un effet appelé *tonnerre*, en mettant deux barres de doubles-croches au-dessus d'une ronde, et ayant soin de surmonter la ronde du mot *tonnerre* lui-même. Quant aux cymbales, plusieurs auteurs leur font exécuter certain bruit strident en en faisant frapper une seule avec une baguette de tambour. M. H. Berlioz, dans sa symphonie fantastique, a exprimé par cet effet le moment fatal où le héros de sa composition reçoit le coup mortel.

A l'article *petite flûte*, nous avons déjà signalé l'air du *piff-paff* des *Huguenots,* dans lequel la grosse-caisse et les cymbales font un accompagnement original. Employées pianissimo, la grosse-caisse et les cymbales produisent un effet grandiose. (Lire l'allegretto en $\frac{6}{8}$ du final de la symphonie avec chœurs de Beethoven). — Lorsque *Moïse* rend la lumière à Memphis plongée dans les ténèbres, ces deux instruments semblent faire entendre la grande voix qui parlait au législateur des Hébreux sur le Sinaï. — Le majeur de la prière de *Moïse*, du même maître, est magnifiquement accompagné par ces deux instruments, que la médiocrité n'emploie ordinairement que pour faire du bruit.

CHAPITRE VII.

APPENDICES DE TOUS LES INSTRUMENTS QUI APPARTIENNENT AUX TROIS PRINCIPAUX GROUPES QUE FORMENT L'INSTRUMENTATION MODERNE PROPREMENT DITE.

A. PREMIER GROUPE.

Instruments à cordes.

Viole d'amour, Mandoline, Guitare ou Lyre, Harpe et Piano.

§ 1er DE LA VIOLE D'AMOUR.

Cet instrument fort peu usité est monté de sept cordes.

On l'écrit en clef d'*ut* 3e ligne et en clef de *sol*, (quant à sa 1re corde ou chanterelle).

Voici son étendue chromatique :

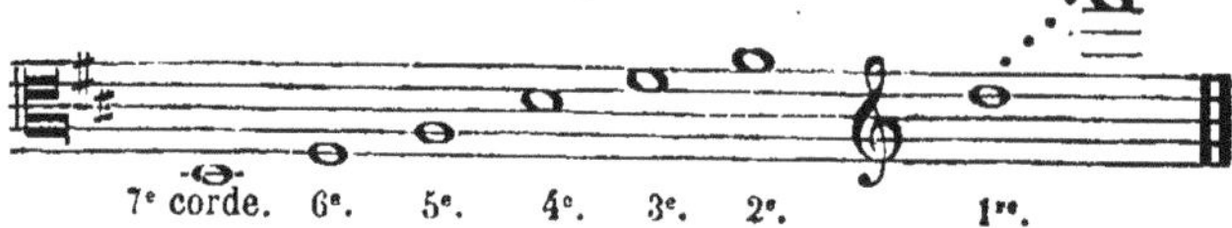

M. Meyerbeer en a fait un emploi très-poétique dans la romance *Plus blanche que la blanche hermine*, des *Huguenots*.

§ 2. DE LA MANDOLINE (*).

La mandoline est montée de quatre cordes. Elle s'écrit en clef de *sol* 2e ligne.—Voici son étendue chromatique et son diapason réel :

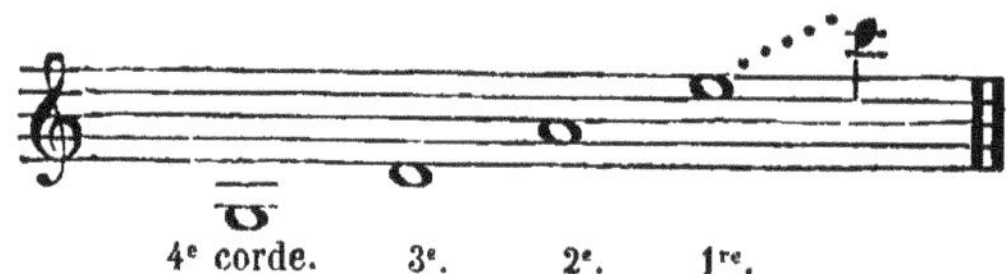

Cet instrument joue naturellement en *ut*. Grétry, dans la sérénade de son opéra-comique de l'*Amant jaloux*, et Mozart, dans un morceau du même genre de son immortel *Don Juan*, ont tous deux employé ce pittoresque instrument.

§ 3. — DE LA GUITARE OU LYRE (**).

La guitare est montée de six cordes et s'écrit en clef de *sol* 2e ligne. Elle exécute dans le diapason de cette même clef.

Voici son étendue chromatique :

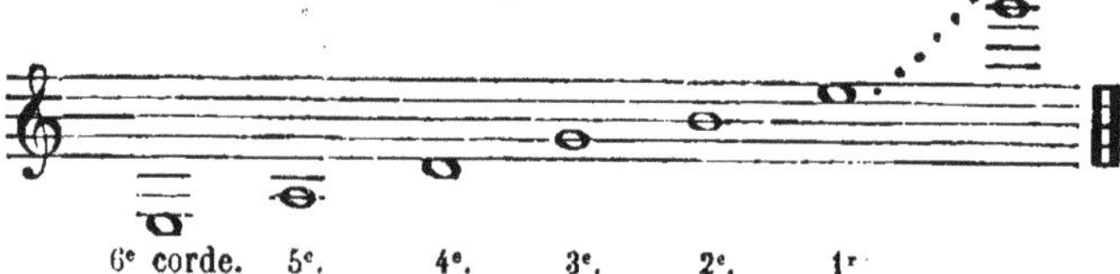

La lyre, dont la forme est cependant beaucoup plus gracieuse que celle de la guitare, est absolument montée comme cette dernière; mais son usage est tombé en désuétude. Son nom ne figure plus que dans la poésie classique.

(*) Leone, a publié à Paris vers 1760, une méthode de mandoline.

(**) Sor et F. Carulli ont chacun publié une méthode de guitare.

§ 4. — DE LA HARPE (*).

Cet instrument emploie simultanément les deux clefs de *fa* 4ᵉ ligne et de *sol* 2ᵉ ligne. Voici son étendue chromatique :

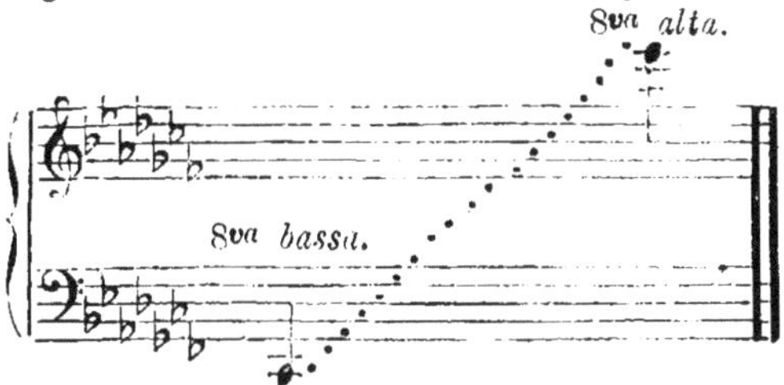

On doit éviter de compléter les accords de la main gauche, dans le grave surtout, à cause du peu de résonnance qui en résulterait; et comme il est difficile, surtout dans les petites localités, de réunir plusieurs harpistes, nous conseillons aux élèves de faire exécuter aux instruments du quintette en *pizzicato* la partie de harpe. Par ce moyen bien simple, on double et triple l'effet de la seule harpe que l'on a à sa disposition; le timbre particulier de cet instrument donne la couleur tranchée qui lui est propre aux violons, altos et basses, et de plus, la justesse est irréprochable, avantage que deux ou un plus grand nombre de harpes réunies n'offrent pas toujours. — Le premier, dans l'*Incarnatus est* du *Credo* de la messe baptismale du comte de Paris, nous avons mis en pratique le conseil que nous venons de donner aux élèves, et l'effet a justifié pleinement nos prévisions. — On peut lire cette messe à la bibliothèque du Conservatoire; elle a été publiée en 1838 par l'éditeur Catelin.

Les sons harmoniques produisent un charmant effet sur la harpe : on les indique en mettant un O sur les notes que l'on désire modifier ainsi.

§ 5. — DU PIANO-FORTE (**).

Cet instrument est trop connu pour que nous en parlions autrement que pour mémoire. – Il y a peu d'opéras où il soit employé absolument en solo. Cependant Méhul, dans son opéra-comique d'*Une Folie*, a confié au piano seul l'accompagnement de la romance : *Je suis encore dans mon printemps*, chantée par Armantine au premier acte de ce charmant ouvrage.

(*) Nadermann a publié une méthode de harpe.
(**) Louis Adam et Lecarpentier ont publié chacun une méthode de piano.

B. DEUXIÈME GROUPE.

Instruments à vent en bois.

Cor anglais, Clarinette-basse, Harmonium, petit et grand Orgue.

§ 1. — DU COR ANGLAIS (*).

Cet instrument, dont le timbre est très-mélancolique, s'emploie dans les morceaux d'un caractère pathétique et touchant. Ordinairement, on n'écrit que pour un cor anglais, que l'on fait concerter soit avec un instrument, soit avec les voix. Cependant Halévy, dans le bel air de la *Juive : « Rachel, quand du Seigneur, »* a écrit un délicieux duo de cors anglais. Chérubini a également tiré un parti admirable du cor anglais dans un *Ave Maria* devenu célèbre; et Sébastien Bach, dans sa *Passion selon Saint-Mathieu*, a même écrit des morceaux pour trois cors anglais. Voici son étendue chromatique :

Quoique écrit ostensiblement en clef de *sol* 2e ligne, le cor anglais, qui est naturellement en *fa*, s'écrit réellement en clef d'*ut* 2e ligne. Voici son diapason réel :

Ajoutons que rien n'est plus original qu'un solo de cor anglais doublé à l'octave par un hautbois.

§ 2. — DE LA CLARINETTE-BASSE (**).

C'est dans le trio du 5e acte des *Huguenots* que M. Meyerbeer a employé pour la première fois à l'Opéra la clarinette-basse. Voici l'étendue chromatique de cette clarinette, qui est toujours en *si* ♭.

(*) Voir la méthode de hautbois de Vogt et de H. Brod.

(**) Inventée par Dumas (l'oncle du célèbre romancier), ouvrier du facteur de flûtes Lot, la clarinette basse a été jouée pour la première fois par Franco Dacosta, en 1834 devant MM. Auber, Carafa, Halévy et Meyerbeer. Ce dernier en fut si émerveillé, qu'il s'en servit, ainsi qu'on l'a dit plus haut, dans un des plus beaux trios scéniques de notre époque. — L'anche de la clarinette basse a été combinée par Dumas avec tant d'intelligence, qu'un enfant même peut faire parler l'instrument sans effort. Nous sommes surpris que ce système d'anche si favorable à la santé des artistes spéciaux n'ait pas été appliqué aux anches des clarinettes, petites et grandes.

On remarquera qu'elle exécute dans le diapason réel de la clef d'*ut* 4e ligne, quoiqu'elle soit écrite ostensiblement en clef de *sol* 2e ligne.

Effet réel :

§ 3. — DE L'ORGUE EXPRESSIF (HARMONIUM), MÉLODIUM, etc. (*).

Cet orgue au petit pied n'a pas de tuyaux, mais bien de petites languettes de cuivre. On ne l'emploie dans les églises qu'à défaut d'un petit orgue ou d'un grand orgue à tuyaux. On se sert des deux clefs de *fa* et de *sol* du piano pour l'écrire. Au moyen de différents jeux et des pédales d'expression, un exécutant habile peut tirer un grand parti de l'harmonium. De plus, cet instrument est appelé à rendre de grands services non-seulement dans les orchestres complets, mais surtout dans ceux auxquels il manque certains instruments à vent, tels que le hautbois, la clarinette, le cor anglais et le basson.

Jadis réservé spécialement pour l'église, l'harmonium était peu connu; aujourd'hui, grâce aux nombreux perfectionnements apportés dans sa fabrication par la maison Alexandre père et fils, il a non-seulement franchi le seuil de nos salons, mais aussi celui de nos théâtres. Adolphe Adam, Meyerbeer, Auber, Halévy, Ambroise Thomas et Gounod s'en sont servi dans leurs plus beaux ouvrages. On n'a pas oublié l'effet produit à l'Opéra-Comique, par l'orgue expressif, lors de la dernière reprise de *Zampa;* mais ce que tout le monde ne sait pas, c'est que l'orgue ou plutôt l'harmonium, choisi par la direction, est sorti des ateliers de la rue Meslay.

En outre des services que l'harmonium rend sur la scène, il est appelé à en rendre de bien plus grands dans l'orchestre. Grâce à

(*) MM. Frelon et Auguste Durand, l'organiste du grand orgue de Saint-Vincent-de-Paul, ont écrit chacun une méthode d'harmonium.

ses diverses combinaisons de jeux et de timbres, il peut non-seulement remplacer un instrument manquant, tel que la flûte, le hautbois, la clarinette, le cor anglais, la musette et le basson; mais, par la percussion, il permet d'exécuter les traits de flûte (petite ou grande), avec la même rapidité, la même netteté et douceur de son que pourraient le faire nos meilleurs flûtistes. Il peut aussi, dans un orchestre peu nombreux, renforcer, par la réunion de tous ses jeux, les tutti, auxquels il donne dans ce cas plus de mordant et de vigueur.

L'harmonium dont on se sert le plus habituellement dans l'orchestre, est le modèle de quatre jeux et demi. Les registres sont au nombre de quatorze; en voici la nomenclature :

Flûte à percussion. — Clarinette. — Fifre. — Hautbois. — Musette.—*Forte.*—Grand jeu.—Sourdine générale.— Expression.— Cor anglais à percussion.— Bourdon.— Clairon.— Basson.— *Forte.*

MM. Alexandre sont successivement parvenus à donner à chaque registre le timbre qui lui est propre. L'illusion causée par ces différents instruments est tellement complète, que nous nous rappelons fort bien qu'un joli solo de musette exécuté sur l'harmonium et très-applaudi au Théâtre Lyrique dans l'opéra-comique ***Mamzelle Geneviève***, d'Adolphe Adam, mérita à son exécutant supposé les éloges unanimes de la presse.

C'est parce que l'harmonium nous semble devoir bientôt occuper une place constante dans nos petits orchestres surtout, que nous engageons fortement les jeunes compositeurs à bien en étudier le mécanisme ingénieux. Par son introduction dans les orchestres de théâtre de la province, l'instrumentation la plus complète peut y être rendue avec effet, et le premier pianiste-accompagnateur venu suffit pour opérer ce miracle.

Voici les signes indiquant les registres pour les harmoniums de quatre jeux et demi :

Au début et dans le courant d'une composition destinée à l'harmonium, on indique les jeux ou registres à *ouvrir*, en reproduisant l'un des cercles précédents Ex. (4); si l'on désire *fermer* le registre, on barre le chiffre indicateur. Ex. (4̸). Quant aux trois registres du milieu (sourdine, grand jeu, expression), ils s'indiquent entre les deux portées; ceux de droite, au-dessus de la portée des dessus, et ceux de gauche au-dessus de la portée des basses.

§ 4. — DU PETIT ET DU GRAND ORGUE.

Le petit et le grand orgue s'écrivent avec les deux clefs du piano. L'étendue de ces deux instruments diffère en ce que les grandes orgues ont un nombre prodigieux de jeux, tandis que les petites sont naturellement plus limitées sous ce rapport.

L'introduction de l'orgue dans la musique dramatique ne date que de l'opéra de *Zampa* (1829). Hérold est donc le premier compositeur qui en ait fait usage à l'Opéra-Comique. Dans *Robert-le-Diable*, la *Juive* et le *Domino noir*, MM. Meyerbeer, Halévy et Auber ont également tiré un parti excellent de ce bel instrument.

Autrefois, les compositeurs de musique d'église chiffraient la partie de basse, et le grand orgue accompagnait avec l'orchestre. Alors le petit orgue d'accompagnement n'avait pas encore été introduit dans le chœur des églises. C'est à Adrien de la Fage (*), maître de chapelle en 1822 de Saint-Étienne-du-Mont, à Paris, que l'on doit l'emploi presque universel de cet utile auxiliaire des chants liturgiques. En 1819, Ponchard, le père du célèbre chanteur de ce nom, fit exécuter à Saint-Eustache, dont il était le maître de chapelle, un beau *Domine salvum* dans lequel le grand orgue dialoguait avec les voix et l'orchestre placés dans le chœur de l'église. L'effet de ce morceau était splendide.

En 1854, nous avons essayé de mettre en œuvre à Bordeaux, dans une *Hymne à Sainte-Cécile*, le petit et le grand orgue concertant avec les voix et l'orchestre. La partition de ce morceau couronné par la Société de Sainte-Cécile de Bordeaux, a été publiée par Raver. On peut la lire à la Bibliothèque du Conservatoire de musique.

(*) Cet artiste, écrivain et compositeur de mérite, est mort en 1862.

BB. DEUXIÈME GROUPE.

Instruments à vent en cuivre.

Cornet à pistons, Trompette à coulisse et à pistons, Cor à pistons, Ophicléide.

§ 1. — DU CORNET A PISTONS (*).

Cet instrument, qui s'est montré pour la première fois en 1832 dans l'orchestre que Musard dirigeait au *Concert des Champs-Élysées*, a été introduit depuis dans les orchestres de théâtre, où, ainsi que nous l'avons déjà fait observer à l'article de la *trompette droite*, il remplace bien imparfaitement ce magnifique et solennel instrument.

On écrit ordinairement pour deux cornets à pistons. De même que la trompette, le cornet à pistons s'écrit en clef de *sol* 2ᵉ ligne; mais, excepté pour le ton d'*ut*, les compositeurs transposent mentalement dans toutes les autres clefs; car le cornet à pistons emploie des corps de rechange en *ré*, *mi* ♭, *mi* ♮, *fa*, *sol*, *la* ♭, *la* ♮, *si* ♭ et *ut* aigu. Voici son étendue chromatique :

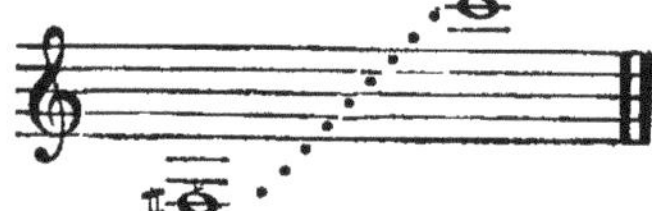

Les tons de *si* ♭, *la* ♭ et *la* ♮ sont les plus employés sur cet instrument.

§ 2. — DE LA TROMPETTE A COULISSE.

Cet instrument est une espèce de petit trombone, La coulisse permet aux exécutants de faire plusieurs notes qui manquent à la trompette droite.

Voici l'étendue de la trompette à coulisse, qui s'écrit en clef de *sol* 2ᵉ ligne, et a tous les corps de rechange de la trompette droite :

On écrit pour deux trompettes de ce genre. Mais le moindre bosselage de la coulisse l'empêchant de fonctionner, les trompettistes préfèrent la trompette à pistons, dont nous allons parler.

(*) MM. Dufrêne, Caussinus, Forestier et Arban ont publié chacun une méthode de cornet à pistons.

§ 3. — DE LA TROMPETTE A PISTONS (*).

Cet instrument, dont M. Meyerbeer a fait un emploi admirable dans le célèbre trio du 5e acte de *Robert-le-Diable*, est d'un grand secours, parce que ses pistons permettent de lui confier toute espèce de mélodie diatonique ou chromatique.

Voici l'étendue chromatique de la trompette à pistons :

On écrit pour deux trompettes de ce genre, et en clef de *sol* 2e ligne. Cet instrument a tous les corps de rechange de la trompette ordinaire.

§ 4. — DU COR A PISTONS.

Dans les grands orchestres, tel que celui de l'Opéra de Paris, il y a un pupitre de cors à pistons. Au moyen de ces derniers, les artistes peuvent exécuter les passages chromatiques les plus difficiles. — Cet instrument a les corps de rechange du cor ordinaire. On écrit en clef de *sol* 2e ligne, mais on emploie effectivement toutes les autres clefs à leurs différentes positions, suivant le ton choisi, excepté pour celui d'*ut*, qui n'exige pas de transposition mentale de la part du compositeur. Voici l'étendue chromatique du cor à pistons :

En 1828, M. Meifred, 1er professeur titulaire de la classe de cor à pistons au Conservatoire de musique, a publié chez Launer (Girod, successeur) un traité de cor ordinaire et de cor à pistons, à l'usage des jeunes compositeurs; nous les engageons à le consulter à la Bibliothèque du Conservatoire. Monsieur Coïeffet a perfectionné une rosace mobile qui s'applique au cor à pistons en *fa*, au moyen de laquelle on peut jouer dans tous les autres tons sans avoir recours aux corps de rechange. Il est fâcheux que ce procédé si utile, n'ait pas été adopté, car il débarrasserait les orchestres des boîtes de cors, si incommodes, et surtout si peu portatives, à cause de leur dimension et de leur lourdeur spécifique.

(*) Voir la méthode de M. Dauverné.

§ 5. — DE L'OPHICLÉIDE (*).

Cet instrument, qui ne s'emploie que dans les grands orchestres, est en *si* ♭ ou en *ut*. Dans le premier ton, on écrit mentalement en clef d'*ut* 3e ligne, et dans le second, on écrit réellement en clef de *fa* 4e ligne. Voici l'étendue chromatique de l'ophicléide en *si* ♭ :

Effet réel:

Voici l'étendue chromatique et l'effet réel de l'ophicléide en *ut* :

C'est Spontini qui, le premier, a introduit l'ophicléide à l'Opéra de Paris. Cet instrument double avec effet les traits mâles et pathétiques des basses de l'orchestre.

Dans le début de l'Ouverture du *Dieu et de la Bayadère*, et surtout dans la Marche du *Bœuf Apis* de son grand opéra, *l'Enfant prodigue*, M. Auber a fait un emploi très-pittoresque de l'ophicléide.

C. TROISIÈME GROUPE.

Instruments de percussion.

Tambour, Tambour de basque, Castagnettes, Cloches et Clochettes, Timbres, Triangle et Tam-tam.

§ 1er. — DU TAMBOUR (**).

Cet instrument s'écrit en clef de *sol*. Il n'a pas de son précis ; on choisit l'*ut* pour indiquer les différents rhythmes qu'il doit exécuter, tels que roulements, charge, retraite, coups stridents, etc.

(*) M. Caussinus a publié une méthode d'ophicléide.

(**) Il existe, manuscrite, une méthode de tambour par feu Saint-Jean, ancien tambour de régiment, dont le caractère excentrique égaya souvent les longues nuits des bals masqués de Musard.

Dans la belle ouverture de la *Gaza ladra*, M. Rossini a employé deux tambours, qui, placés aux deux extrémités de l'orchestre font des roulements en échos. M. Auber, dans l'ouverture de *Fra Diavolo*, a également écrit une partie de tambour très-intéressante. M. Meyerbeer, dans l'air : *Prenant son sabre de bataille* des *Huguenots*, a écrit un accompagnement purement vocal qui imite le tambour avec beaucoup de vérité, et l'effet de ce morceau militaire est saisissant.

§ 2. — DU TAMBOUR DE BASQUE.

Cet instrument s'écrit pour la forme en clef d'*ut* 2e ligne. Il n'a pas de son précis. M. Félicien David, dans la danse des almées du *Désert*, l'a employé avec effet.

§ 3. — DES CASTAGNETTES.

Cet instrument est obligatoire pour accompagner les boléros et le fandango, (style espagnol). Il fait des roulements et des coups secs.

§ 4. — DES CLOCHES ET CLOCHETTES.

Il y a des carillons de cloches et de clochettes accordées chromatiquement. On écrit en clef de *sol* 2e ligne. Les morceaux religieux au théâtre, et même les simples chœurs d'un style pastoral peuvent offrir aux compositeurs l'occasion de faire un heureux emploi de ces joyeux instruments. Les sons funèbres de la cloche en *fa* du grand duo des *Huguenots* vibrent encore dans tous les cœurs de ceux qui les ont entendus.

M. Victor Massé, dans la jolie ouverture des *Noces de Jeannette*, et M. Auber, dans l'air de Ruben : « *Au loin, dans la plaine*, » de l'*Enfant prodigue*, ont employé d'une façon très-pittoresque les cloches et clochettes.

§ 5. — DES TIMBRES.

On écrit ces instruments, formés de petites lames d'acier au nombre de cinq ou huit, en clef de *sol* 2e ligne.

Mozart, dans les *Mystères d'Isis*, a accompagné très-poétiquement, avec des timbres, l'air de Bochoris : « *La vie est un voyage.* »

§ 6. — DU TRIANGLE.

Cet instrument, qui n'a pas un son précis, s'écrit en clef de *sol* 2e ligne. Il fait des trémolos et donne des coups secs et prolongés.

Le triangle, dont le timbre est si joyeux, semble pailleter l'harmonie lorsqu'il est placé avec à propos.

Quoique appartenant à l'ancienne musique militaire, le triangle peut remplir un rôle très-pittoresque dans l'orchestre théâtral : témoin le charmant andante de l'ouverture de *Guillaume Tell*, dans lequel cet instrument frappe le premier temps fort de la mesure, et fait rêver aux sons religieux d'une chapelle lointaine.

§ 7. — DU TAM-TAM.

Cet instrument d'origine chinoise, ne s'emploie que dans les grands mouvements dramatiques. Spontini, lorsque la Vestale est plongée toute vivante dans la terre, a placé un coup de tam-tam qui fait frémir d'épouvante.

On écrit en clef de *fa* 4e ligne, sur l'*ut* médium. Mais le tam-tam n'a pas de son précis.

Nous n'avons pu entrer dans de plus grands détails sur ces instruments; mais en terminant ce chapitre intéressant, nous devons dire aux élèves, qu'en général, le quintette fait le fond de l'harmonie, et que les instruments à vent doivent être groupés ensemble, comme des espèces de chœurs qui se répondent, se mêlent, se quittent et se réunissent de nouveau, mais renforcés par les instruments de percussion pour produire un effet d'ensemble grandiose.

CHAPITRE VIII.

DE L'INSTRUMENTATION AVEC LES SEULS INSTRUMENTS DU PREMIER GROUPE. — MUSIQUE DE CHAMBRE. — MUSIQUE VOCALE, RELIGIEUSE ET LYRIQUE, ACCOMPAGNÉE PAR CE MÊME GROUPE SEUL.

La musique de chambre comprend depuis la sonate jusqu'au septuor inclusivement.

Il n'entre pas dans notre cadre d'exposer aux lecteurs les règles qui doivent être suivies pour composer les difficiles morceaux si variés qu'on exécute soit dans les salons, soit même aux concerts. Leur instrumentation rentre dans le domaine de la composition scientifique et idéale tout à la fois.

De nos jours, on n'accompagne pas l'opéra avec le seul quintette d'instruments à cordes, ainsi que cela se pratiquait du temps de Pergolèse. (Lire la partition de la *Serva Padrona* de ce maître); mais nous devons ajouter que beaucoup de musique d'église des anciens compositeurs est souvent accompagnée par les seuls instruments à cordes. Le célèbre *Requiem* à quatre voix de Jomelli est dans ce cas, de même que le fameux *Stabat* de Pergolèse, et que l'*Ave verum* de Mozart, l'une des plus belles pages de musique sacrée qui ait jamais été écrite. Pour rentrer dans notre sujet, nous allons donner aux élèves quelques conseils relatifs à la manière d'écrire le quintette d'instruments à cordes ou à vent ainsi que l'orchestre au grand complet.

CHAPITRE IX.

CONSEILS AUX ÉLÈVES POUR ARRIVER FACILEMENT A BIEN INSTRUMENTER.

L'art d'écrire le quintette à cordes étant le fondement de toute instrumentation, les élèves devront, pour s'y exercer, arranger en quintettes des sonates pour piano de Haydn, Mozart et Beethoven. Il feront exécuter ces arrangements; car, de même que la foi sans les œuvres, dit l'Écriture, est une *foi morte*, de même la composition sans l'audition est chose non avenue. Néron, qui était un grand artiste et un tyran tout à la fois, disait avec beaucoup de vérité que la musique non exécutée *n'existait pas*.

Si les élèves sont curieux d'essayer d'écrire des trios, des quatuors et des quintettes pour instruments à cordes, ou à vent, ils feront bien de se procurer les parties séparées de ces différents morceaux écrits par les grands maîtres, et de les remettre en partition. Rien ne forme d'avantage que ce procédé si facile à pratiquer.

Voici un accompagnement de ce genre d'après un fragment de Sonate de J. Haydn.

N° 53. *Andante.*

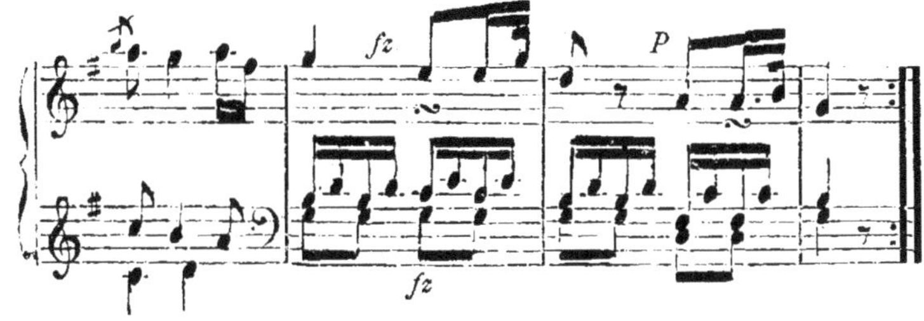

ARRANGEMENT EN QUINTETTE DU PRÉCÉDENT ANDANTE.

(*) On a donné à la contrebasse, dans la première partie du motif, une partie spéciale afin de rendre plus piquant l'emploi de cet instrument, véritable *métronome sonore*, ainsi que cela a été observé précédemment.

fz
F
F

arco

Violoncelle et Contrebasse.
mf
mf
F
dim.
F
F
F
PP
PP
PP
PP

On pourra, en suivant ce même système, arranger en quintette pour instruments à vent, tels que flûte, clarinette, hautbois, basson et cor, d'autres sonates pour piano des grands maîtres.

Voici encore un autre genre de travail excellent. Il consiste à transcrire les mélodies, les traits et enfin tous les passages dominants distribués aux différentes parties d'un trio, d'un quatuor d'un auteur célèbre; et d'ajouter ensuite soi-même, les parties de remplissage; puis on compare sa partition avec le modèle qu'on a choisi. Les élèves agiront de même si, à l'exemple du célèbre Reicha, ils veulent s'essayer dans la composition du quintette pour instruments à vent (*).

Quant à l'instrumentation complète ou à grand orchestre, voici un moyen de s'y exercer qui a pour lui l'autorité du grand compositeur Weber. Ce moyen consiste à prendre une ouverture, par exemple, ou tout autre morceau religieux ou dramatique, avec une ou plusieurs voix, dont l'orchestre a été réduit pour le piano. On emploie les mêmes instruments que ceux qui forment la partition originale, et on instrumente. Puis, ce travail terminé, on le compare avec celui du grand maître. La comparaison du modèle et du travail qu'il a inspiré est la meilleure leçon d'orchestration que l'on puisse prendre. — Ajoutons que l'on doit faire tous ses efforts pour parvenir à entendre exécuter les essais d'instrumentation originale que l'on aura écrits. Beaucoup lire les grands maîtres, beaucoup écrire, s'entendre souvent, voilà les moyens les plus sûrs de parvenir à devenir un maître à son tour.

(*) Cet artiste a composé des quintettes pour instruments à vent, qui, sous tous les rapports, méritent d'être étudiés par les élèves. Mais pour que cette étude soit profitable, il faut qu'ils les remettent en partition; les parties séparées ayant seules été gravées.

CHAPITRE X.

DE LA DISPOSITION RATIONNELLE DES PARTIES INSTRUMENTALES ET VOCALES D'UNE PARTITION.

Les instruments à vent, à cordes, les voix et les instruments de percussion doivent s'échelonner dans une partition de la manière suivante :

Grande flûte,
Petite flûte,
Hautbois,
Clarinettes,
Bassons,
Cor à Pistons,
Trompettes,
Premiers cors,
Deuxièmes cors,
Trombones,
Ophicléide,
Timbales,
Grosse-caisse et cymbales,
Triangle,
Harpe,
Premiers violons,
Deuxièmes violons,
Alto-violas,
Voix seules ou voix du chœur,
Violoncelles,
Contrebasses.

Cette disposition, qui n'est pas celle de tous les compositeurs, est pourtant la meilleure, parce qu'elle réunit ensemble les membres de la même famille d'instruments. De plus, elle facilite la réduction instantanée au piano par l'accompagnateur, tout en permettant au chef d'orchestre d'embrasser les différents groupes d'instruments d'un coup d'œil plus rapide.

CHAPITRE XI,

COUP D'ŒIL RÉTROSPECTIF SUR LE SYSTÈMES D'INSTRUMENTATION SUIVIS PAR LES PLUS CÉLÈBRES COMPOSITEURS ANCIENS ET MODERNES.

A. — XVIe SIÈCLE.

L'orchestre proprement dit n'existait pas à cette époque de renaissance des arts. Le tympanon, l'épinette, la basse de viole, la régale (petit jeu d'orgue), le rebec et plus tard le violon, la flûte traversière, la taille, espèce d'alto d'un plus grand format que l'instrument actuel, formaient, avec le théorbe, le luth et le clavecin, l'orchestre peu sonore, mais coloré, des créateurs de l'opéra, des immortels Emilio del Cavaliere, Jacques Peri et Jules Caccini. Cependant Monteverde, né à Crémone vers 1565, surpassa ces grands maîtres par ses découvertes harmoniques, ses idées mélodiques, et surtout par la création du duo scénique. — Voici, d'après l'érudit M. Deune-Baron, de quels instruments était composé l'orchestre de l'*Orfeo* de cet homme de génie :

« *Deux clavecins* jouaient les ritournelles et l'accompagnement « du prologue, qui est chanté par la Musique personnifiée; *deux* « *contre-basses de viole* accompagnaient Orphée; *dix dessus de viole* « faisaient les ritournelles du récitatif que chantait Eurydice; *une* « *harpe double*, c'est-à-dire à deux rangs de cordes, servait à l'ac- « compagnement d'un chœur de nymphes; L'Espérance était an- « noncée par une ritournelle de *deux petits violons français* et d'un « clavecin; *deux guitares* accompagnaient le chant de Caron; le « chœur des esprits infernaux était soutenu par *deux orgues*; Pro- « serpine était accompagnée par *trois basses de viole*, Pluton par « *quatre trombones*, Apollon par *un jeu de régale*, ou petit orgue com- « posé d'un jeu d'anches monté sur pied, mais sans tuyaux, et « dont le son avait une certaine analogie avec le *physharmonica* de « nos jours; *un flageolet*, *deux cornets*, *un clairon* et *deux trompettes* « *à sourdine* accompagnaient le chœur final des bergers. »

Quoique l'*Orfeo* ait été représenté dans les premières années du XVIIe siècle (en 1608), il appartient par son style musical au siècle précédent. (Lire le ballet de la *Reine* de Boijoyeux, à la Bibliothèque du Conservatoire).

B. — XVIIe SIÈCLE.

Lully employait des violons, des haute-contres (espèce d'alto), des tailles (grandes violes), des basses de violes, des hautbois en grand nombre, des cors de chasse, des trompettes et des timbales. L'espèce de quintette à cordes de ce compositeur mettait en œuvre plusieurs clefs qui ne sont plus usitées ostensiblement de nos jours, pour la notation usuelle, savoir :

Premier violon, écrit en clef de *sol* 1re ligne.
Deuxième violon, écrit en clef d'*ut* 1re ligne ;
Haute-contre (espèce d'alto), écrite en clef d'*ut* 2e ligne ;
Taille (grande viole), écrite en clef d'*ut* 3e ligne ;
Et basse de viole, écrite en clef de *fa* 4e ligne.

Voici le début de l'ouverture d'*Armide*, de Lully, opéra représenté en 1670.

tr
tr

D. C.

C. — XVIIIe SIÈCLE.

Pergolèse, en Italie, employait notre quintette à cordes tel que nous l'écrivons; l'orgue à l'église et le clavecin au théâtre. Il leur ajoutait des hautbois, des cors et des bassons.

Rameau, le précurseur de Gluk, en France, employait, ainsi que Lully des violons, des haute-contres, des tailles et des basses de violes, des contre-basses, ainsi que des hautbois, la flute traversière, des clarinettes, des cors, des trompettes et des timbales.

Voici le début du 1er acte de *Dardanus*, de Rameau, opéra rereprésenté à Paris en 1739. On observera que Rameau a écrit le deuxième violon en clef de *sol* 1re ligne, la haute-contre en clef d'*ut* 1re ligne et la taille en clef d'*ut* 2e ligne. Cet emploi de mêmes clefs attribuées différemment par Lully aux mêmes instruments, est sans importance pour l'effet musical.

Vers le dernier tiers de ce siècle, Gluck, protégé par la reine Marie-Antoinette, opéra une révolution complète à l'Académie royale de Musique de Paris. Il déclame avec une vérité inconnue avant lui. Ce grand compositeur employait notre quintette d'instruments à cordes, la petite et la grande flûte, le hautbois, les clarinettes, les bassons, les cors, les trompettes, les timbales, la grosse-caisse et les cymbales, et les trois trombones.

Cherubini, Méhul et Le Sueur ont, en outre, introduit les quatre cors et agrandi l'école de Gluck.

D. XIXe SIÈCLE.

Spontini, marchant sur les traces de Gluck, donna encore plus de puissance à l'orchestre de l'opéra. Il y introduisit l'ophicléide. M. Rossini, dont tout le monde maintenant connaît les œuvres immortelles, semblait, vers 1829, avoir dit le dernier mot de l'orchestration dans son *Guillaume-Tell.* Mais, en 1831, M. Meyerbeer donna *Robert le Diable*, et une nouvelle révolution dans l'instrumentation s'opéra. L'orgue, la clarinette-basse, la harpe, les trompettes à clefs, furent introduits à l'opéra par ce savant et souvent sublime compositeur. Halévy, dans la *Juive*, suivit les mêmes errements, mais sans imitation servile. — On connaît les tentatives de M. Richard Wagner; l'instrumentation de ce compositeur nous était déjà connue en partie, car, bien avant lui, M. Hector Berlioz avait, par sa *Symphonie fantastique* (1827), excité la curiosité du public et souvent mérité les applaudissements de la foule.

CHAPITRE XII.

QUELQUES RÉFLEXIONS SUR LE SYSTÈME D'INSTRUMENTATION GÉNÉRALEMENT SUIVI PAR LES COMPOSITEURS CONTEMPORAINS.

L'abondance des richesses instrumentales, le nombre si varié des instruments, a, dans ces derniers temps, fait naître bien des abus. Autrefois, sous la plume d'un Haydn, d'un Mozart, d'un Gluck, d'un Méhul, d'un Chérubini et d'un Spontini, chaque instrument à vent et de percussion avait un rôle spécial dans l'orchestre. La flûte y voulait dire Philomèle, le hautbois, chalumeau champêtre, le cor transportait par la pensée dans une forêt ombreuse; le trombone évoquait les morts ou renforçait la voix des divinités infernales; la trompette et la timbale chantaient le triomphe des héros ou excitaient aux combats. De nos jours, les compositeurs, afin de donner une force factice à leur style, emploient sans discernement ces voix instrumentales si caractéristiques; et tel air de soprano d'une forme élégante, plus vocal que dramatique, est comme réveillé en sursaut par les accords stridents des trompettes, cors et trombones, renforcés par la timbale, la grosse-caisse et les cymbales. — Ajoutons que, depuis la plus simple romance jusqu'au morceau d'ensemble le plus développé, les compositeurs emploient un seul et unique système d'instrumentation. Cette pléthore ennemie de la variété et des contrastes fait naître la monotonie. Combien nos devanciers étaient plus sages que nous! Sous leur plume, que guidaient le bon goût et l'amour du vrai, chaque instrument, on ne saurait trop le redire, remplissait le rôle qui convient à la nature de son timbre; et lorsque ces maîtres, trop peu étudiés, écrivaient pour un vaste local, ils étaient moins sobres d'instruments que si c'était pour une petite salle de théâtre ou de concert qu'ils devaient composer.

Nous savons, par notre propre expérience, que le moyen de jeter de la variété dans l'instrumentation consiste à ne pas orchestrer avec les *mêmes instruments* deux morceaux qui doivent être entendus de suite ou à peu de distance (*) et nous pensons que, si les compositeurs déplaçaient avec intention, les instruments lorsqu'ils écrivent leur partition, et cela pour chacun des morceaux qui la forment, ce déplacement systématique les porterait presque malgré eux à essayer de nouvelles combinaisons. En général, ce qui vulgarise une œuvre musicale surtout, c'est l'abus des formules. Un compositeur qui se respecte doit être en garde contre cette espèce de lierre musical qui étouffe souvent les plus belles conceptions.

(*) C'est surtout l'emploi successif des mêmes instruments à vent en bois ou en cuivre ou mélangés qui contribue à la monotonie de l'instrumentation. Quant au quintette, ses timbres si variés, quoique homogènes, permettent de l'employer presque constamment sans fatigue pour les auditeurs.

CHAPITRE XIII.

DE L'IMPORTANCE DES NUANCES ET DE L'ART DE FAIRE COMPTER DES PAUSES AUX DIFFÉRENTS INSTRUMENTS DE L'ORCHESTRE.

Par l'indication judicieuse des *forte* et des *piano* on produit des effets sonores remplis de contrastes. — L'unisson au même degré à celui d'octaves, de triple et même de quadruple octaves, jette aussi beaucoup de variétés dans l'instrumentation.

Le quintette à cordes, en faisant même à l'unisson une seule note *forte*, accentue avec véhémence certains passages dont la phrase mélodique et harmonique tout à la fois, est confiée aux instruments à vent; l'opposition des *forte* et des *piano* étant généralement sentie par les personnes les moins versées dans la pratique musicale. Quel est le musicien qui n'a pas été remué par le *forte* que font les basses, les altos et les cors dans l'ouverture du *Jeune Henri*, de Méhul, avant l'entrée de la phrase si pittoresque dont voici la reproduction :

Tous les maîtres de la symphonie offrent, dans leurs productions de ce genre, des modèles de l'art des contrastes. La seule opposition des timbres multiples de l'orchestre suffit pour produire de grands effets, et un *forte*, placé à propos, s'il est suivi d'un *piano* général, donne beaucoup d'intérêt à certains passages qui, sans ces différentes modifications de *l'intensité sonore* n'auraient aucune action sur les auditeurs. Enfin le *clair obscur musical* s'obtient en employant avec à propos les différentes nuances d'intensité sonore, depuis le pianissimo le plus faible jusqu'au *forte* le plus éclatant.

Il est encore un autre moyen bien puissant; c'est celui de l'abstention de certains groupes d'instruments, par l'emploi motivé des pauses. Souvent tout l'orchestre se tait; et, si ce *tacet* général est inattendu, il peut produire un effet extraordinaire. On modifie l'effet sonore, soit en le diminuant, soit en l'augmentant. — Si après avoir employé le quatuor à cordes, (1er et 2e violons, alto et violoncelle) on fait entrer les contrebasses, le son profond et vigoureux de cet instrument donne beaucoup d'ampleur à l'harmonie. Il en est de même à l'égard des instruments à vent des deux espèces en bois et en cuivre, ainsi que des instruments de percussion. Nous avons déjà signalé précédemment un certain nombre d'ouvrages dans lesquels tels ou tels instruments ont été employés avec génie par des grands compositeurs.

En terminant ce chapitre, nous ne pouvons que répéter aux élèves, ce que nous leur avons dit tant de fois; lire les partitions célèbres, en faire des réductions pour le piano; — orchestrer certains morceaux écrits spécialement pour cet instrument; et agir enfin à l'égard des chef-d'œuvres de la musique, ainsi que le font les peintres et les sculpteurs à l'égard des modèles qne leur ont légué la statuaire antique, et la peinture des grandes époques des Raphaël, des Corrége et des Rubens. Les uns et les autres copient à l'aide de l'argile, du crayon ou des couleurs les maîtres de leur art; — que les jeunes compositeurs fassent de même, en remettant en partition tel genre de composition dont ils désirent approfondir les différents procédés d'instrumentation : leurs progrès seront rapides, et ils saisiront le secret des maîtres.

CHAPITRE XIV.

D'UNE NOUVELLE ESPÈCE D'INSTRUMENTATION PUREMENT VOCALE.

Dans ces derniers temps, plusieurs compositeurs allemands et belges, et quelques français à leur imitation, ont, dans des chœurs pour voix d'hommes, mis en pratique une espèce d'instrumentation vocale d'un effet très-pittoresque. Nous voulons parler d'un système d'accompagnement à *bouche fermée,* qui, tandis qu'une voix récite, remplit le rôle d'instruments à vent faisant des tenues. Ayant eu l'occasion d'entendre quelques chœurs de ce genre composés par Kucken, F. David et Limnander, nous avons essayé, en 1850, de donner de plus grands développements à un système qui nous paraît devoir convenir surtout aux réunions chorales dans lesquelles des sopranos sont admis, et nous avons écrit la partition de l'oratorio biblique de *Ruth et Booz*, paroles d'Eugène Villemin. Dans cette composition, le poète motive, par des narratifs, le rôle que remplissent les voix qui accompagnent à *bouche fermée* les personnages de son drame, et les choristes qui en sont les coryphées. Ainsi, lorsque Ruth glane en chantant un cantique, elle est accompagnée par la brise du soir. Booz, s'il prie l'Éternel ou reçoit sous sa tente la fille Moabite, a pour accompagnement le vent qui agite les grands palmiers. L'orage vient-il jeter l'épouvante au milieu des moissonneurs livrés à la danse, le chœur, écrit à huit voix, se sépare en deux groupes : le premier supplie le ciel de l'épargner, et le second imite les différents phénomènes de l'orage. La grande voix du tonnerre éclate, le torrent déborde, chacun s'enfuit épouvanté. Bientôt le calme succède à l'agitation : le soleil dore les feuilles humides, que ses rayons changent en diamants étincelants, et une hymne de reconnaissance est chantée au Dieu de la tempête.

Fragment de *Ruth et Booz*, grande symphonie vocale.

Paroles d'E. Villemin. Musique de A. Elwart.

5

L'OURAGAN.

Allegro Moderato. Métr. 𝅗𝅥 = 112.

Métr. 𝅗𝅥 = 120.
FF
- cla - te, il é-cla - te.
FF
- cla - te, il é - cla - te.
FF
- cla - te, il é - cla - te.
FF
- cla - te, il é - cla - te.
F
FF
F
FF
F
FF
FF très-détaché.

F très-marqué.
Et l'effroi dis-perse les troupeaux,
F
Et l'effroi dis-perse les troupeaux.
F
Et l'effroi dis-perse les troupeaux.
F
Et l'effroi dis-perse les troupeaux,
très-détaché
F
F
F
F

Il é -
Il é -
Il é -
Il é -
F

F
- cla - te, Il é - cla - - - - - -
F >
F
- cla - te, Il é - cla - - - - - -
F
- cla - te, Il é - cla - - - - - -
F
- cla - te, Il é - cla - - - - - -

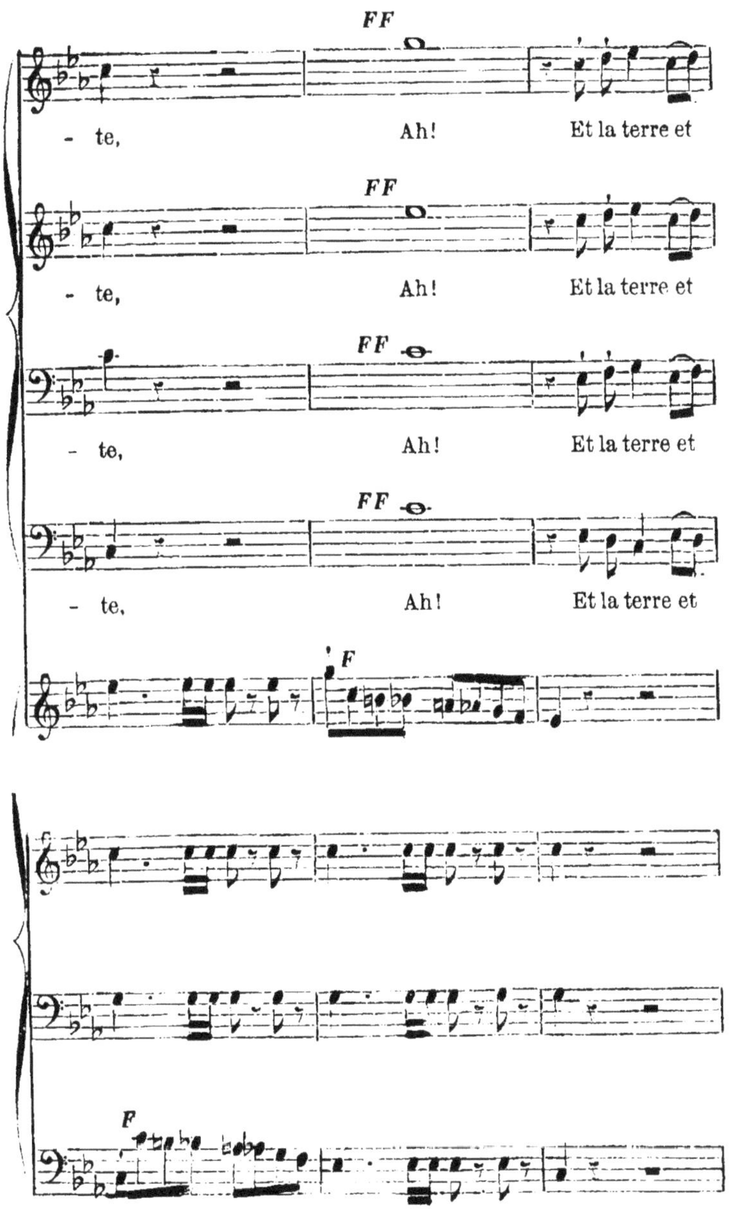
FF
- te,
Ah!
Et la terre et
FF
- te,
Ah!
Et la terre et
FF
- te,
Ah!
Et la terre et
FF
- te,
Ah!
Et la terre et
F
F

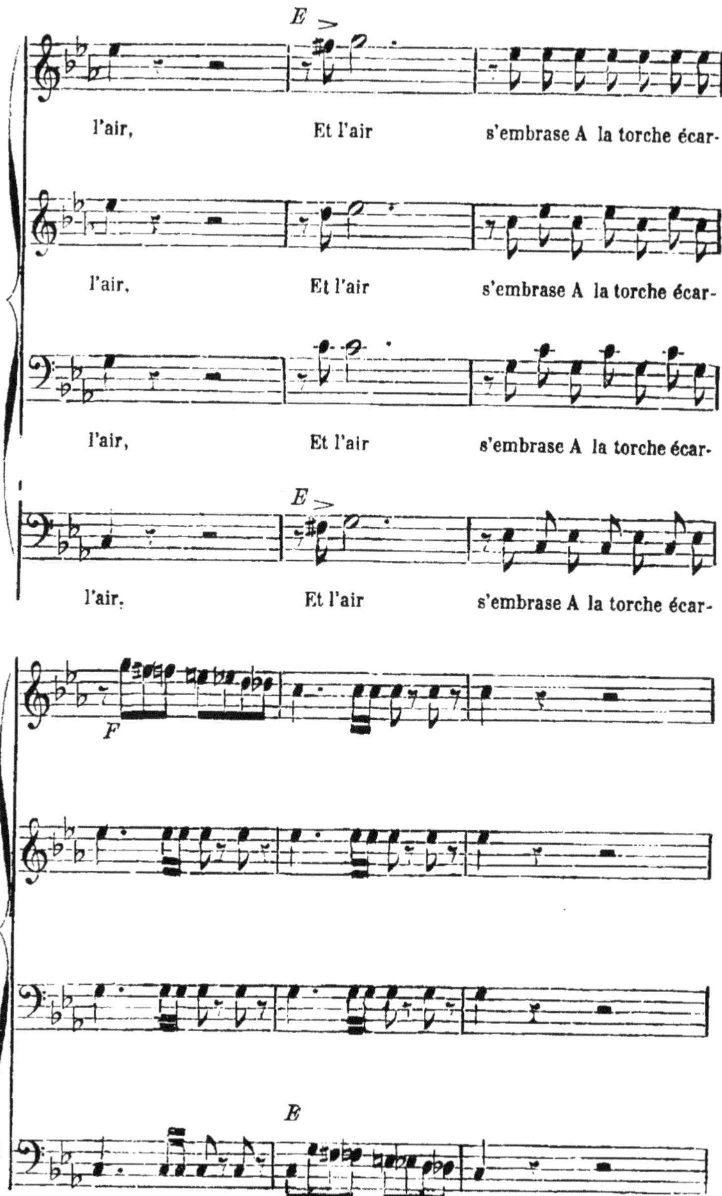
E
l'air, Et l'air s'embrase A la torche écar-
l'air, Et l'air s'embrase A la torche écar-
l'air, Et l'air s'embrase A la torche écar-
E
l'air, Et l'air s'embrase A la torche écar-
F
E

- la - - te, Et de la fou - - dre, Et de l'é-
FF
- la - - te, Et de la fou - - dre, Et de l'é-
FF
- la - - te, Et de la fou - - dre, Et de l'é-
FF
- la - - te, Et de la fou - - dre, Et de l'é-
F

F
- clair,
Et de la fou - - dre, Et de l'é-
F
- clair,
Et de la fou - - dre, Et de l'é-
F
- clair,
Et de la fou - - dre, Et de l'é-
F
- clair,
Et de la fou - - dre, Et de l'é-
F

- clair,
- clair,
fz
Et de la foudre et de l'é -
- clair,
fz
Et de la foudre et de l'é -
- clair.
fz
Et de la foudre et de l'é -
très marqué
F
FF

F
FF
Et le tor - rent — — gon -
F
FF
- clair, Et le tor - rent — — gon -
F
FF
- clair, Et le tor - rent — — gon -
F
FF
- clair, Et le tor - rent — gon -
FF
FF
FF
F
FF

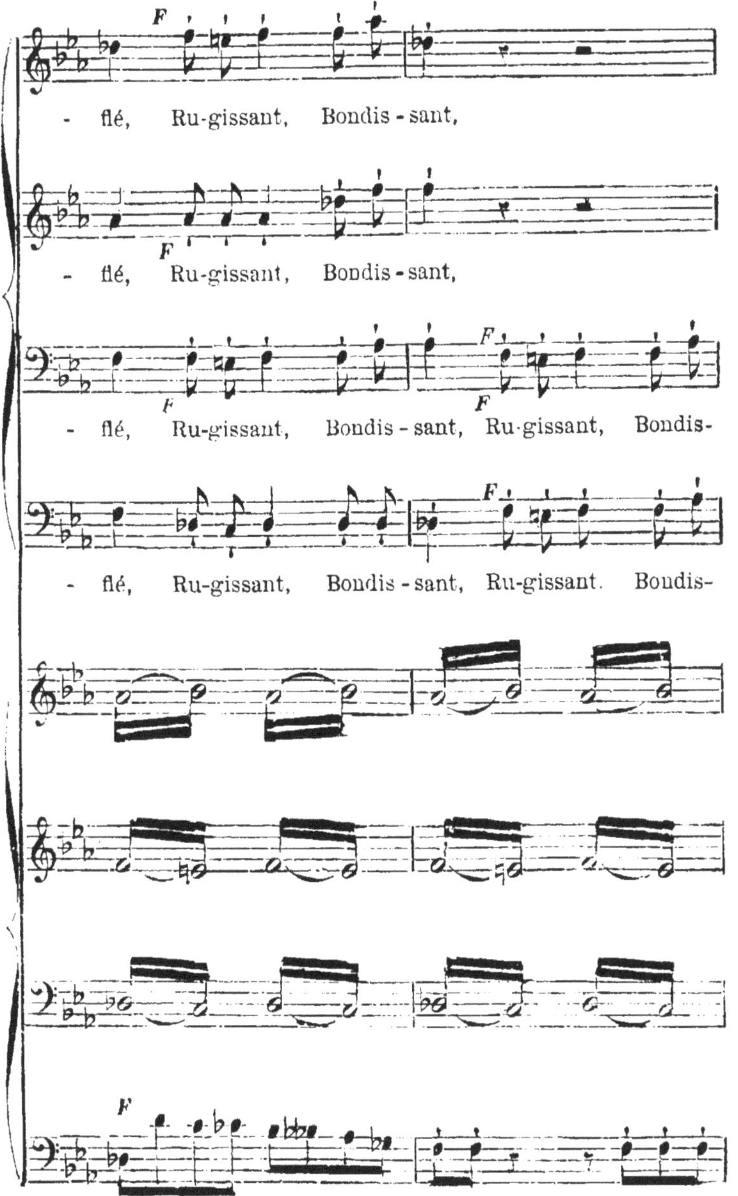
F
- flé, Ru-gissant, Bondis - sant,
F
- flé, Ru-gissant, Bondis - sant,
F F
- flé, Ru-gissant, Bondis - sant, Ru-gissant, Bondis-
F
- flé, Ru-gissant, Bondis - sant, Ru-gissant. Bondis-
F

fz
FF
Ravage, emporte, I - - non - -
fz
FF
Ravage, emporte, I - - non - -
FF
- sant,
Ravage, emporte, I -
FF
- sant,
Ravage, emporte, I -
FF
F

- de, Et le ber - cail prospère Et la
- de, Et le ber - cail prospère Et la
- nonde Et le bercail, et le ber - cail prospère Et la
- nonde Et le bercail, et le ber - cail prospère Et la
F
F

fz
etc.
glè - be fé - con - de.
fz
glè - be fé - con - de.
fz
glè - be fé-con - - - de.
fz
glè - be fé-con - - - de.

Désirant mettre au répertoire de la société chorale qui l'avait si bien interprêtée, l'ouverture de *Robin des bois*, l'auteur a arrangé à huit voix ce chef d'œuvre, en conservant le ton choisi par Weber, et une partie des voix, en chantant l'histoire du *Chasseur noir*, très-poétiquement versifiée par Eugène Villemin, a donné la vie à cette transcription, que le public a beaucoup applaudie. — Déjà en Allemagne on avait arrangé pour des voix seules l'ouverture de la *Flûte enchantée* de Mozart (*), mais les chanteurs, privés de paroles poétiques, en étaient réduits à vocaliser ce chef-d'œuvre. Nous pensons que le système mis par nous en pratique pour la première fois est plus complet; il a déjà obtenu les honneurs de l'imitation. M. Alphonse Thys a arrangé avec effet, l'*Andante* de la Symphonie en *la* de Beethoven.

Voici une nouvelle arène ouverte au chant choral. D'autres, plus habiles que nous, la parcourront avec plus de gloire; mais, heureux de la leur avoir indiquée, nous les applaudirons avec enthousiasme.

CONCLUSION.

Ce petit traité, ainsi qu'on l'a dit dans la préface, n'a été écrit que pour servir d'introduction aux deux seuls traités très-developpés qui aient encore été écrits sur l'instrumentation.

Le premier de ces deux ouvrages est de M. Georges Kastner, et le second de M. Hector Berlioz. M. G. Kastner (**), a publié en 1838 un second traité dans lequel il a envisagé l'instrumentation sous

---

(*) Chelard, mort en 1860, à Weimar, a écrit une ouverture également sans paroles, pour voix d'hommes, une symphonie vocale et une marche hongroise.

(**) M. Georges Kastner, membre de l'Institut, est le premier compositeur contemporain qui ait publié successivement deux traités d'instrumentation en 1836 et en 1838. — Ces deux ouvrages ont été souvent *consultés* par d'autres écrivains spéciaux; mais le mérite de l'initiative appartient à ce savant académicien. — En 1843, M. G. Kastner a ajouté un supplément à chacun de ses deux *Traités d'instrumentation*. Dès leur apparition, ces différents ouvrages avaient été l'objet d'un rapport favorable de l'Académie des Beaux-Arts, de l'Institut de France, et adopté par le Comité d'enseignement du Conservatoire pour les classes de cette institution nationale.

le rapport poétique et philosophique (*), et en 1863, M. Gevaërt en a publié un en Belgique. Nous engageons fortement les élèves à consulter les trois ouvrages de nos savants devanciers. — Quant à nous, nous n'avons eu qu'un seul désir, celui de contribuer à la popularité d'une partie de la science pratique qui à l'insu du public agit le plus fortement sur lui. La mélodie charme tout le monde, sans aucun doute, mais l'art de la présenter, de colorer le manteau sonore dont la revêt l'instrumentation, est souvent pour beaucoup dans les succès qu'elle fait obtenir aux compositeurs. Le mets le plus exquis n'apparaît sur les tables somptueuses qu'après avoir subi des préparations indispensables. Le dessin le plus pur d'un tableau a besoin du charme de la couleur pour imiter complétement la nature, qui réunit et la forme et la couleur. L'instrumentation est donc une des parties de la composition musicale qui ne doit pas être négligée. C'est à son puissant secours que tous les grands maîtres de la symphonie et de l'opéra doivent la plus grande partie de leurs succès les plus brillants.

Puisse ce petit ouvrage, dans lequel l'auteur a cité la plupart des chefs-d'œuvre de toutes les époques, faire surgir quelques émules dignes à leur tour de servir de modèles, et l'auteur sera fier et heureux d'avoir contribué à faire jaillir l'étincelle du génie chez quelques-uns de ses lecteurs.

FIN.

(*) En 1772, Francœur, le neveu du célèbre directeur de l'Opéra, a publié à Paris un traité des instruments à vent qui renferme d'excellentes choses.

TABLE DES MATIÈRES.

www.ingramcontent.com/pod-product-compliance
Ingram Content Group UK Ltd.
Pitfield, Milton Keynes, MK11 3LW, UK
UKHW021117260726
13994UKWH00002B/914

9 782329 466033